빨리어의 기초와 실천

빨리어의 기초와 실천

릴리 데 실바 저 · 김한상 역

씨아이알

나의 학문의 길을 닦아주신 존경하는 스승님,
고(故) 줄리우스 베루고다에게 이 책을 바칩니다.

머리말

이 책은 매우 늦은 감이 있는데, 오래전 나의 첫 빨리어 선생님이었던 고(故) 줄리우스 베루고다(Julius Berugoda)가 내가 이러한 책을 편찬하거나 당신의 저서를 영어로 번역해주기 바라셨기 때문이다. 선생님이 살아계실 때 이 책을 내놓지 못해서 죄송스러울 따름이지만, 이제 뒤늦게나마 큰 짐을 내려놓은 기분이다.

나는 이 책에서 쓰인 방법을 책임질 수 없다. 왜냐하면 그것은 나의 선생님의 발상이기 때문이다. 1949년 내가 선생님을 처음 뵈었을 때 나는 라틴어처럼 격변화들을 외워야 할 거라고 걱정하여 빨리어에는 격이 몇 개나 있는지를 여쭈었다. 그러자 선생님은 빨리어에는 격이 없다고 재치 있게 대답하였다. 나는 놀랍고 호기심에 가득 차서 당장 선생님에게 수업을 시작해달라고 요청하였다. 곧바로 우리는 수업이 진행되면 될수록 점점 길어지고 재미있어지고 어려워지는 문장들을 만들기 시작했다. 이러한 연습은 너무나 흥미로웠기 때문에 나는 빨리어 공부에 푹 빠지고 말았다. 선생님은 나를 가르치기 위해서 *Pāli Subodhinī*라는 싱할라어로 된 빨리어 문법서를 편찬하여 1950년대 초반에 출판하였다. 하지만 그 책은 절판된 지 오래되었고 나도 그것을 가지고 있지 않다.

1980년대 초반에 선생님은 『빨리 수보디니』를 개선한 또 다른 빨리어 문법서를 편찬하고 내가 영어로 번역해주기를 희망하였다. 비록 그 책은 싱할라어 학부의 메가스쿰부라(P.B.Meegaskumbura) 교수의 도움을 받아서 영어로 번역되기는 하였지만 나는 Lesson들의 배열에 만족하지 못했다. 나는 선생님이 열정을 가지고 개선한 내용이 오히려 역효과를 낸다고 생각했지만 감히 솔직한 나의 의견을 입 밖에 낼 용기가 없었다. 그럼에도 불구하고 그 책은 자금 부족으로 출판되지 못했다.

이 책은 빨리어에서 빈번하게 등장하는 유형들에 기초하여 선정된 통제 어휘집(controlled vocabulary)*을 점진적으로 확장시켜 작문 연습을 통해 문법을 가르치는 동일한 원칙에 기반을 둔 완전히 새로운 시도이다. 처음에 격들은 '-a'로 끝나는 남성명사들만을 사용하여 하나씩 소개되며, '-a'로 끝나는 현재시제, 3인칭, 단·복수 동사들을 사용한 여러 가지 문장들을 만드는 연습문제들이 이어진다. 그리고 학생들로 하여금 길고 복잡한 문장을 만들 수 있도록, 빨리어에서 흔한 연속체(gerund), 절대사(absolutive), 부정사(infinitive)와 같은 문법 형태들이 곧바로 소개된다. 일단 학생들이 기본 구조를 터득하면, 이미 배운 것들과 형태론에서 비슷한 형태들을 소개하는 원칙에 따라서 다른 문법과 문장 형태들이 하나씩 소개된다. 빨리어를 우리말로, 우리말을 빨리어로 번역하는 연습은 각 Lesson에서 필수적인 부분이다.

이 책은 초보자를 위한 것이기 때문에 빨리 문법에 대한 개략적인 소개만을 할 따름이다. 그래서 이 책은 와더(A.K.Warder)의 *Introduction to Pāli*와 같이 보다 높은 수준의 책들로 가기 위한 편리한 디딤돌로서 기획되었다.

붓다닷따(A.P.Buddhadatta) 스님의 저서 *The New Pāli Course Part I*의 어휘집으로부터 단어들을 자유롭게 발췌하였다. 이에 감사한다.

이 책의 초고를 세심하게 읽어 보시고 소중한 조언을 해주신 나의 대학교 스승, 자야위크레마(N.A.Jayawickrema)에게 진심으로 감사의 마음을 전한다.

1991년 12월 11일

스리랑카 뻬라데니야 대학(University of Peradeniya)의 빨리·불교학부

릴리 데 실바(Lily de Silva)

---

* 통제 어휘집(controlled vocabulary)은 보통 문헌정보학에서 통제되고 표준화된 용어를 열거한 어휘 목록으로서 색인 작성의 일관성과 통일성을 높이고 검색 효율을 증진시키는 데 사용하기 위한 도구를 말한다. 주제명 표목(subject heading)이나 시소러스(thesaurus)는 통제 어휘집의 일종이다.

역자후기

빨리어(Pāli-bhāsā)는 산스끄리뜨(Sanskrit)어에 견주어 속어(俗語) 또는 사투리라고 불리는 쁘라끄리뜨(Prākrit)의 하나로, 중기 인도·아리안어(Middle Indo-Aryan languages)에 속하는 언어이다. 그리고 오늘날 스리랑카, 미얀마, 태국, 캄보디아, 라오스 등지에서 폭넓게 신봉되고 있는 테라와다 불교의 성전어(聖典語, tanti-bhāsā)이다. 그러한 면에서 빨리어는 언어학자와 불교학자 모두에게 매우 중요하다.

최근 우리나라에서도 초기 불교나 테라와다 불교의 교리와 실천에 대한 관심이 높아지고 있다. 교리에 대한 관심은 빨리 성전에 대한 번역물과 연구 성과들로, 실천에 대한 관심은 위빳사나(vipassanā)에 참여하는 인구와 명상센터의 증가로 각각 가시화되고 있다. 이에 따라 대중들 사이에서 좋은 빨리어 학습서에 대한 열망도 높아가고 있는 듯하다. 그러한 열망에 조금이나마 부응하고자 이 책을 번역해보았다.

우리가 히브리어나 그리스어를 모른다고 기독교를 배우지 못하는 것이 아니듯이, 빨리어를 모른다고 초기 불교나 테라와다 불교를 배우지 못하는 것은 아니다. 하지만 현대어로 집필된 불교 서적들에도 사띠(sati), 상카라(saṅkhāra), 꾸살라(kusala), 쩨따시까(cetasika), 마나시까라(manasikāra) 등과 같이 우리말로 완벽하게 옮기기 어려운 빨리어 용어들이 적지 않게 나타나는 것도 사실이다. 많은 경우 이러한 용어들에 대한 해석이 서로 다르며 일부는 오역되었거나 격렬한 논란의 대상이 되고 있음을 발견한다. 이러한 혼란과 어려움들을 극복하고 바른 이해를 얻기 위해서는 빨리 성전을 직접 강독하고 스스로 판단하는 방법밖에 없다. 그러한 점에서 빨리어에 대한 기초 지식을 갖추는 일은 절대로 지적 사치가 아니다.

이 책은 세계 여러 곳의 셀프 스터디나 그룹 스터디에서 초급 빨리어 교재로 널리 사용되어왔을 만큼 그 진가와 효용성이 충분히 입증되었다. 각 Lesson마다 문법 설명과 어휘들이 제시되고, 연습문제들을 통해서 이들을 자연스럽게 공부할 수 있도록 구성되어 있는 점은 항목별로 문법 설명들만 쭉 서술하고 있는 다른 빨리어 문법서들과는 다르다. 다만 이 책은 초급자들에게만 포커스가 맞춰진 책이다 보니 한계가 없지 않다. 예컨대 예문과 연습문제는 빨리 성전에서 뽑은 것이 아니라 인위적으로 조합한 것이어서 빨리어에 대한 현장감이 떨어지며, 격변화 등과 같은 일반적 문법 사항들에 대한 설명도 미진한 감이 없지 않다. 그럼에도 불구하고 이만큼 효율적이고 학습자 친화적인 초급 빨리어 교재를 찾아보기도 어려울 것이다.

이제 이 책의 번역에서 세운 기본 원칙을 말씀드린다. 빨리어 예문과 연습문제는 가급적 직역하였다. 빨리어에는 특히 과거분사(past participle)와 미래수동분사(future passive particle)와 같은 수동형 표현들이 참 많다. 우리말로는 이런 표현들이 어색하지만 능동형으로 바꾸지 않고 그대로 번역하였다. 빨리어는 우리말과 달리 문법적으로 '수의 일치'를 중시하는 언어라서 단수와 복수의 구분이 철저하다. 이것도 빨리어 그대로 번역하였다. 빨리어의 관계대명사(relative pronoun)는 우리말에 없는 것이다. 그것은 영어의 관계대명사와 비슷하게 단독으로 사용되지 않고 대응하는 대명사와 함께 사용된다. 관계대명사가 들어간 문장은 글자 그대로 번역하기가 쉽지 않아서 약간 의역하였다. 아무튼 전체적으로 직역을 원칙으로 한 이유는 이 책이 가독성이 중요한 일반 번역서가 아니라 빨리어 공부를 위한 어학 교재이기 때문이다. 그래서 우리말로 다소 어색하고 부자연스러운 문장들이 없지 않을 것이다. 책의 맨 끝에는 원서에는 없지만 빨리어 문법 도표를 부록으로 실었다.

나름대로 사명감을 가지고 열심히 번역하였으나 역자의 역량 부족으로 오류가 완전히 없지는 않을 것이다. 진부한 변명처럼 들릴지도 모르겠지만, 이 세상에서 붓다(Buddha), 벽지불(Pacceka-buddha), 아라한(Arahant) 등의 성자(ariya-puggala)를 제외하고 실수하지 않는 사람은 아마도 없을 것이다. 법(法, dhamma)의 성품대로 말하자면, 탐욕(貪, lobha), 성냄(瞋, dosa), 어리석음(癡, moha)이라는 세 가지 불선의 뿌리(三不善根, tīṇi-akusala-mūlāni)

가 아직 완전히 제거되지 않은 사람이라면 누구나 허물을 범하는 데에서 자유롭지 못할 것이다. 물론 이는 역자에게도 해당된다. 따라서 이 책에서 잘못된 부분들이 있더라도 부디 지혜로운 주의(yoniso manasikāra)로 그 진의만을 취해주시길 바란다. 물론 잘못된 부분들에 대한 책임은 전적으로 역자의 몫이며, 이에 대한 질책은 달게 받겠다는 점을 미리 말씀드린다.

끝으로 이 책이 나오기까지 도움을 주신 분들에게 감사드리고자 한다. 우리나라 인문학 출판계의 어려운 현실에도 불구하고 이 책의 출판을 흔쾌히 허락해주신 도서출판 씨아이알의 김성배 대표이사님, 처음 번역원고를 보여드렸을 때 많은 관심을 보여주시고 출판 계약이 이루어지도록 적극적으로 도와주신 박영지 편집장님, 그리고 난삽한 원고를 깔끔하게 편집해주신 서보경 대리님에게 깊은 감사를 드린다. 아무쪼록 이 책이 우리나라 학습자들의 빨리어 공부에 도움이 되고 국내의 빨리・불교학(Pāli and Buddhist Studies)을 진작시키기 바라면서 역자후기를 갈음한다.

Sabbe sattā averā hontu, abyāpajjā hontu, anighā hontu, sukhī hontu!
모든 중생들이 증오가 없기길, 성냄이 없기를, 번민이 없기를, 행복하기를!

Buddhasāsanaṃ ciraṃ tiṭṭhatu!
붓다의 가르침이 오래오래 머물기를!

2015년 7월

김 한 상

일·러·두·기

1. 빨리어 단어는 그것이 지닌 다양한 의미들 가운데 문맥상 가장 적절한 의미를 선택하여 제시하였다.

2. 빨리어 문장은 대부분 직역하였으나 일부는 의역하기도 하였다.

3. 이니셜이 대문자로 표시된 빨리어 단어는 고유명사이다.

4. 하단의 각주는 역주이며, 원주는 ㊟로 표시하였다.

5. 연습문제 해답은 도서출판 씨아이알 홈페이지(www.circom.co.kr)의 자료실에서 확인할 수 있다.

목차

Namo Tassa Bhagavato Arahato Sammāsambuddhasa.
그분 세존 · 아라한 · 삼마삼붓다에게 귀의합니다.

빨리어 알파벳

빨리어는 자체적인 문자가 알려져 있지 않다. 빨리어를 배우고 있는 여러 나라에서는 그 나라에서 쓰이는 문자로 빨리어를 표기해왔다. 즉 인도에서는 데바나가리(Devanāgari) 문자로, 스리랑카에서는 싱할라어(Sinhalese)로, 미얀마에서는 버마어(Burmese)로, 태국에서는 캄보자(Kamboja) 문자로 각각 표기해왔다. 영국의 빨리성전협회(PTS)에서 로마자로 표기한 뒤부터 이 표기방식이 국제적으로 통용되고 있다.

빨리어 알파벳은 8개의 모음과 33개의 자음의 41개로 이루어져 있다.[1]

▎모음

a, ā, i, ī, u, ū, e, o

▎자음

후두음(喉頭音) : k, kh, g, gh, ṅ

구개음(口蓋音) : c, ch, j, jh, ñ

권설음(捲舌音) : ṭ, ṭh, ḍ, ḍh, ṇ

치음(齒音) : t, th, d, dh, n

순음(脣音) : p, ph, b, bh, m

기타 : y, r, l, v, s, h, ḷ, ṃ

---

1 전통적인 빨리어 알파벳 순서는 다음과 같다. a, ā, i, ī, u, ū, e, o, k, kh, g, gh, ṅ, c, ch, j, jh, ñ, ṭ, ṭh, ḍ, ḍh, ṇ, t, th, d, dh, n, p, ph, b, bh, m, y, r, l, v, s, h, ḷ, ṃ

모음들 가운데 a, i, u는 단모음이다. ā, ī, ū는 장모음이다. e, o는 이중 모음으로서, 이들은 mettā, khetta, koṭṭha, sotthi와 같은 이중자음 앞에서 짧게 발음되고, deva, senā, loka, odana와 같은 단자음 앞에서는 길게 발음된다.

▎발음

a는 cut의 u처럼 발음된다.
ā는 father에서 a처럼 발음된다.
i는 mill의 i처럼 발음된다.
ī는 bee의 ee처럼 발음된다.
u는 put의 u처럼 발음된다.
ū는 cool의 oo처럼 발음된다.
k는 kite의 k처럼 발음된다.
g는 good의 g처럼 발음된다.
ṅ은 singer의 ng처럼 발음된다.
c는 church의 ch처럼 발음된다.
j는 jam의 j처럼 발음된다.
ñ은 signor의 gn처럼 발음된다.
ṭ는 hat의 t처럼 발음된다.
ḍ는 good의 d처럼 발음된다.
ṇ은 now의 n처럼 발음된다.
t는 thumb의 th처럼 발음된다.
d는 they의 th처럼 발음된다.
n은 now의 n처럼 발음된다.
p는 put의 p처럼 발음된다.
b는 but의 b처럼 발음된다.
m은 mind의 m처럼 발음된다.
y는 yes의 y처럼 발음된다.
r은 right의 r처럼 발음된다.
l은 light의 l처럼 발음된다.
v는 vine의 v처럼 발음된다.
s는 sing의 s처럼 발음된다.
h는 hot의 h처럼 발음된다.
ḷ은 light의 l처럼 발음된다.
ṃ은 sing의 ng처럼 발음된다.

kh, gh, ch, jh, ṭh, ḍh, th, dh, ph, bh는 거센 소리로 발음되어야 하는 대기(帶氣) 자음들이다.

LESSON 01 -a로 끝나는 남성명사의 격변화 : 주격, 단수와 복수, 현재형, 3인칭, 단·복수 동사

1. 어휘

-a로 끝나는 남성명사	동사
Buddha 붓다	bhāsati ① 말하다, ② 빛나다
Tathāgata 여래(如來)	pacati 요리하다, 조리하다, 취사하다
Sugata 선서(善逝)	kasati 밭을 갈다, 경작하다
manussa 사람, 인간	bhuñjati 즐기다, 먹다
nara, purisa 남자, 사람	sayati 자다, 눕다, 드러눕다
kassaka 농부	passati 보다, 목격하다
brāhmaṇa 바라문(婆羅門)	chindati ① 자르다, 베다, ② 파괴하다
putta ① 아들, ② 아이	gacchati 가다
mātula 삼촌	āgacchati 오다
kumāra 소년	dhāvati 달리다, 도망가다, 흐르다
vāṇija 상인	
bhūpāla 왕[2]	
sahāya, sahāyaka, mitta 벗, 친구	

2. -a로 끝나는 남성명사의 격변화

주격(nominative) : 주격의 단수는 격어미(case ending) -o가 명사의 어간(語幹, stem)[3]에 붙어서 만들어진다. 주격의 복수는 격어미 -ā가 명사의

2 bhūpāla는 '땅'이나 '대지'를 뜻하는 bhū와 '수호자'를 뜻하는 pāla에서 파생된 남성명사로서 글자 그대로 '대지의 보호자'라는 뜻이다. 빨리 문헌에서는 좀처럼 나타나지 않는 용어이다. 왕을 뜻하는 다른 용어들로는 rāja와 bhūpati가 있다.

3 어간(語幹, stem)은 빨리어로 링가(liṅga)라고 하며, 어근(語根, root)에 -a, -ṃ, -a, -ya, -nu, -nā, -o, -e, -aya 등의 접미사(接尾辭, termination)가 붙어서 만들어진다. 그리고 이 어간에 태(態), 인칭(人稱), 수(數)에 따른 어미(ending)가 붙는 것이 동사활용(conjugation)의 일반적 형식이다.

어간에 붙어서 만들어진다. 이렇게 격변화된 명사는 문장에서 주어의 역할을 한다.

	단수			복수		
1	nara + o	naro	사람	nara + ā	narā	사람들
2	mātula + o	mātulo	삼촌	mātula + ā	mātulā	삼촌들
3	kassaka + o	kassako	농부	kassaka + ā	kassakā	농부들

3. 앞에서 열거된 bhāsa, paca, kasa 등은 동사의 어간이며 -ti는 현재형 3인칭 어미이다. 현재형 3인칭 복수는 접미사 -nti가 동사의 어간에 붙어서 만들어진다.

	단수		복수	
1	bhāsati	(그가) 말한다	bhāsanti	(그들이) 말한다
2	pacati	(그가) 요리한다	pacanti	(그들이) 요리한다
3	kasati	(그가) 밭을 간다	kasanti	(그들이) 밭을 간다

4. 문장 형식의 예

단수

① Naro bhāsati.
사람이 말한다.

② Mātulo pacati.
삼촌이 요리한다.

③ Kassako kasati.
농부가 경작한다.

복수

① Narā bhāsanti.
사람들이 말한다.

② Mātulā pacanti.
삼촌들이 요리한다.

③ Kassakā kasanti.
농부들이 경작한다.

▶▷▶▷ 연습문제 01 ◁◀◁◀

5. 우리말로 번역하시오.

① Bhūpālo bhuñjati.
② Puttā sayanti.
③ Vāṇijā sayanti.
④ Buddho passati.
⑤ Kumāro dhāvati.
⑥ Mātulo kasati
⑦ Brāhmaṇā bhāsanti.
⑧ Mittā gacchanti.
⑨ Kassakā pacanti.
⑩ Manusso chindati.
⑪ Purisā dhāvanti.
⑫ Sahāyako bhuñjati.
⑬ Tathāgato bhāsati.

⑭ Naro pacati.

⑮ Sahāyā kasanti.

⑯ Sugato āgacchati.

6. 빨리어로 번역하시오.

① 아들들이 달린다.

② 삼촌이 본다.

③ 붓다가 온다.

④ 소년들이 먹는다.

⑤ 상인들이 간다.

⑥ 사람이 잔다.

⑦ 왕들이 간다.

⑧ 바라문이 자른다.

⑨ 친구들이 말한다.

⑩ 농부가 경작한다.

⑪ 상인이 온다.

⑫ 아들들이 자른다.

⑬ 삼촌들이 이야기한다.

⑭ 소년이 달린다.

⑮ 친구가 이야기한다.

⑯ 붓다가 본다.

02 -a로 끝나는 남성명사의 격변화(계속됨) : 대격, 단수와 복수

1. 어휘

-a로 끝나는 남성명사	동사
dhamma 법(法), 사물, 현상, 원리, 진리, 속성, 정의(正義), 붓다의 가르침	harati ① 가져가다, ② 훔치다
bhatta 밥	āharati 가져오다, 데려오다
odana 밥	āruhati 오르다, 올라가다
gāma 마을	oruhati 내려오다
suriya 해, 태양	yācati ① 요구하다, 부탁하다, ② 구걸하다
canda 달	khaṇati ① 파다, 파내다, ② 파괴하다, 해치다
kukkura, sunakha, soṇa 개	vijjhati 쏘다
vihāra 절, 정사(精舍)	paharati 치다, 때리다
patta 발우(鉢盂), 그릇	rakkhati 보호하다, 지키다, 수호하다
āvāṭa 구덩이	vandati 절하다, 예배하다, 존경하다
pabbata 산	
yācaka 거지	
sigāla 승냥이, 자칼(jackal)	
rukkha 나무	

2. -a로 끝나는 남성명사의 격변화(계속됨)

대격(accusative) : 대격의 단수는 격어미(case ending) -ṃ이 명사의 어간에 붙어서 만들어지고, 대격의 복수는 격어미 -e가 명사의 어간에 붙어서 만들어진다. 이렇게 격변화된 명사는 문장에서 목적어의 역할을 한다. 행위의 대상도 대격으로 표현된다.

	단수			복수		
1	nara + ṃ	naraṃ	사람을	nara + e	nare	사람들을
2	mātula + ṃ	mātulaṃ	삼촌을	mātula + e	mātule	삼촌들을
3	kassaka +ṃ	kassakaṃ	농부를	kassaka + e	kassake	농부들을

3. 문장 형식의 예

단수

① Putto naraṃ passati.
아들이 사람을 본다.

② Brāhmaṇo mātulaṃ rakkhati.
바라문이 삼촌을 보호한다.

③ Vāṇijo kassakaṃ paharati.
상인이 농부를 때린다.

복수

① Puttā nare passanti.
아들들이 사람들을 본다.

② Brāhmaṇā mātulaṃ rakkhanti.
바라문들이 삼촌을 보호한다.

③ Vāṇijā kassake paharanti.
상인들이 농부들을 때린다.

▸▹▸▹ 연습문제 02 ◃◂◃◂

4. 우리말로 번역하시오.

① Tathāgato dhammaṃ bhāsati.

② Brāhmaṇā odanaṃ bhuñjanti.

③ Manusso suriyaṃ passati.

④ Kumārā sigāle paharanti.

⑤ Yācakā bhattaṃ yācanti.

⑥ Kassakā āvāṭe khaṇanti.

⑦ Mitto gāmaṃ āgacchati.

⑧ Bhūpālo manusse rakkhati.

⑨ Puttā pabbataṃ gacchanti.

⑩ Kumāro Buddhaṃ vandati.

⑪ Vāṇijā patte āharanti.

⑫ Puriso vihāraṃ gacchati.

⑬ Kukkurā pabbataṃ dhāvanti.

⑭ Sigālā gāmaṃ āgacchanti.

⑮ Brāhmaṇā sahāyake āharanti.

⑯ Bhūpālā sugataṃ vandanti.

⑰ Yācakā sayanti.

⑱ Mittā sunakhe haranti.

⑲ Putto candaṃ passati.

⑳ Kassako gāmaṃ dhāvati.

㉑ Vāṇijā rukkhe chindanti.

㉒ Naro sigālaṃ vijjhati.

㉓ Kumāro odanaṃ bhuñjati.

㉔ Yācako soṇaṃ paharati.

㉕ Sahāyakā pabbate āruhanti.

5. 빨리어로 번역하시오.

① 사람들이 절로 간다.
② 농부들이 산들에 오른다.
③ 바라문이 밥을 먹는다.
④ 붓다가 소년들을 본다.
⑤ 삼촌들이 그릇들을 가져간다.
⑥ 아들이 개를 보호한다.
⑦ 왕이 붓다를 공경한다.
⑧ 상인이 소년을 데려온다.
⑨ 친구들이 바라문에게 인사한다.
⑩ 거지들이 밥을 구걸한다.
⑪ 상인들이 승냥이들을 쫀다.
⑫ 소년들이 산을 오른다.
⑬ 농부가 마을로 달린다.
⑭ 상인이 밥을 짓는다.
⑮ 아들들이 삼촌을 공경한다.
⑯ 왕들이 사람들을 보호한다.
⑰ 붓다가 절로 온다.
⑱ 사람들이 내려온다.
⑲ 농부들이 구덩이들을 판다.
⑳ 상인이 달린다.
㉑ 개가 달을 본다.
㉒ 소년들이 나무들에 오른다.
㉓ 바라문이 그릇을 가져온다.
㉔ 거지가 잠을 잔다.
㉕ 왕이 붓다를 본다.

LESSON

03 -a로 끝나는 남성명사의 격변화(계속됨) : 구격, 단수와 복수

1. 어휘

-a로 끝나는 남성명사	
ratha 마차	assa 말
sakaṭa 수레	miga 사슴
hattha 손	sara 화살
pāda 발	pāsāṇa 바위, 돌
magga 길	kakaca 톱
dīpa ① 섬, ② 등(燈)	khagga 칼
sāvaka 제자, 성문(聲聞)	cora 도둑
samaṇa 사문(沙門)	paṇḍita 현자, 지혜로운 사람
sagga 하늘, 천상(天上)	

2. -a로 끝나는 남성명사의 격변화(계속됨)

구격(instrumental) : 구격의 단수는 격어미(case ending) -ena가 명사의 어간에 붙어서 만들어진다. 구격의 복수는 격어미 -ehi가 명사의 어간에 붙어서 만들어지며, 고어형(古語形) 격어미 -ebhi도 가끔 사용된다. 이렇게 격변화된 명사는 '~에 의해(by)', '~과(와) 함께(with)', '~으로(through)' 라는 개념을 나타낸다.

	단수		
1	nara + ena	narena	사람에 의해
2	mātula + ena	mātulena	삼촌과 함께
3	kassaka + ena	kassakena	농부에 의해

	복수		
1	nara + ehi	narehi (narebhi)	사람들에 의해
2	mātula + ehi	mātulehi (mātulebhi)	삼촌들과 함께
3	kassaka + ehi	kassakehi (kassakebhi)	농부들에 의해

'~과(와)', '함께'를 뜻하는 saddhiṃ과 saha도 구격과 함께 쓰인다. 일반적으로 이들은 사물을 나타내는 명사와는 함께 쓰이지 않는다.[4]

3. 문장 형식의 예

단수

① Samaṇo narena saddhiṃ gāmaṃ gacchati.
사문이 사람과 함께 마을로 간다.

② Putto mātulena saha candaṃ passati.
아들이 삼촌과 함께 달을 본다.

③ Kassako kakacena rukkhaṃ chindati.
농부가 톱으로 나무를 자른다.

복수

① Samaṇā narehi saddhiṃ gāmaṃ gacchanti.
사문들이 사람들과 함께 마을로 간다.

② Puttā mātulehi saha candaṃ passanti.
아들들이 삼촌들과 함께 달을 본다.

4 saha와 saddhiṃ은 '수반'의 뜻만을 나타내는 불변화사이다. 다만 누구와 말하거나 논의한다는 문장에서는 이들이 필요하지 않다.

③ Kassakā kakacehi rukkhe chindanti.

농부들이 톱들로 나무들을 자른다.

▸▹▸▹ 연습문제 03 ◃◂◃◂

4. 우리말로 번역하시오.

① Buddho sāvakehi saddhiṃ vihāraṃ gacchati.

② Puriso puttena saha dīpaṃ dhāvati.

③ Kassako sarena sigālaṃ vijjhati.

④ Brāhmaṇā mātulena saha pabbataṃ āruhanti.

⑤ Puttā pādehi kukkure paharanti.

⑥ Mātulo puttehi saddhiṃ rathena gāmaṃ āgacchati.

⑦ Kumārā hatthehi patte āharanti.

⑧ Coro maggena assaṃ harati.

⑨ Kassako āvāṭaṃ oruhati.

⑩ Bhūpālā paṇḍitehi saha samaṇe passanti.

⑪ Paṇḍito bhūpālena saha Tathāgataṃ vandati.

⑫ Puttā sahāyena saddhiṃ odanaṃ bhuñjanti.

⑬ Vāṇijo pāsaṇe migaṃ paharati.

⑭ Sunakhā pādehi āvāṭe khaṇanti.

⑮ Brāhmaṇo puttena saha suriyaṃ vandati.

⑯ Kassako soṇehi saddhiṃ rukkhe rakkhati.

⑰ Sugato sāvakehi saha vihāraṃ āgacchati.

⑱ Yācako pattena bhattaṃ āharati.

⑲ Paṇḍitā saggaṃ gacchanti.

⑳ Kumārā assehi saddhiṃ gāmaṃ dhāvanti.

㉑ Coro khaggena naraṃ paharati.

㉒ Vāṇijo sakaṭena dīpe āharati.

㉓ Assā maggena dhāvanti.

㉔ Sigālā migehi saddhiṃ pabbataṃ dhāvanti.

㉕ Bhūpālo paṇḍitena saha manusse rakkhati.

5. 빨리어로 번역하시오.

① 사문이 친구와 함께 붓다를 본다.

② 제자들이 붓다와 함께 절에 간다.

③ 말이 개들과 함께 산으로 달린다.

④ 소년이 돌로 등(燈)을 때린다.

⑤ 상인들이 화살들로 사슴들을 쏜다.

⑥ 농부들이 손들로 구덩이들을 판다.

⑦ 소년들이 삼촌과 함께 마차로 절에 간다.

⑧ 바라문이 친구와 함께 밥을 짓는다.

⑨ 왕이 현자들과 함께 섬을 지킨다.

⑩ 왕들이 아들들과 함께 사문들을 예배한다.

⑪ 도둑들이 섬으로 말들을 가져온다.

⑫ 제자들이 사람들과 함께 산들에 오른다.

⑬ 상인들이 농부들과 함께 나무들을 자른다.

⑭ 거지가 친구와 함께 구덩이를 판다.

⑮ 바라문이 삼촌들과 함께 달을 본다.

⑯ 도둑이 칼로 말을 때린다.

⑰ 아들이 그릇으로 밥을 가져온다.

⑱ 소년들이 개들과 함께 산으로 달린다.

⑲ 상인들이 농부들과 함께 수레들로 마을에 온다.

⑳ 삼촌들이 아들들과 함께 마차들로 절에 온다.

㉑ 승냥이들이 길을 따라 산으로 달린다.

㉒ 개들이 발들로 구덩이들을 판다.

㉓ 사람이 손으로 톱을 가져간다.

㉔ 사문들이 하늘로 간다.

㉕ 붓다가 제자들과 함께 마을로 온다.

04 -a로 끝나는 남성명사의 격변화(계속됨) : 탈격, 단수와 복수

1. 어휘

-a로 끝나는 남성명사	동사
dhīvara 어부	patati 떨어지다
maccha 물고기	dhovati 씻다, 세척하다, 세탁하다
piṭaka 바구니, 광주리	icchati 원하다, 욕구하다, 바라다
amacca ① 친구, 동료, ② 대신, 신하	ḍasati 물다, 물어뜯다
upāsaka 남신도, 우바새(優婆塞)	pucchati 묻다, 질문하다
pāsāda 저택, 궁전, 전당	pakkosati 부르다, 호출하다
dāraka ① 소년, ② 어린이, 아이	khādati 먹다
sāṭaka 옷, 의복	hanati 죽이다
rajaka 세탁업자	otarati 내려오다, 내려가다, 하강하다
sappa 뱀	nikkhamati ① 나가다, 떠나다, ② 출가하다[5]
pañha 질문	
suka, suva 앵무새	
sopāna 계단	
sūkara, varāha 돼지	

2. -a로 끝나는 남성명사의 격변화(계속됨)

탈격(ablative) : 탈격의 단수는 격어미(case ending) -ā, -mhā, -smā가 명사의 어간에 붙어서 만들어진다. 탈격의 복수는 격어미 -ehi가 붙어서 만들어지며, 고어형 격어미 -ebhi도 사용된다.

5 nikkhamati (nis+√kram)가 수반하는 명사는 탈격을 취한다. (예) amaccā pāsādasmā nikkhamanti. 대신들은 궁전에서 떠난다.

	단수		
1	nara + ā, mhā, smā	narā, naramhā, narasmā	사람에게서, 사람으로부터
2	mātula + ā, mhā, smā	mātulā, mātulamhā, mātulasmā	삼촌에게서, 삼촌으로부터
3	kassaka + ā, mhā, smā	kassakā, kassakamhā, kassakasmā	농부에게서, 농부로부터

	복수		
1	nara + ehi	narehi (narebhi)	사람들에게서, 사람들로부터
2	mātula + ehi	mātulehi (mātulebhi)	삼촌들에게서, 삼촌들로부터
3	kassaka + ehi	kassakehi (kassakebhi)	농부들에게서, 농부들로부터

3. 문장 형식의 예

단 수

① Yācako naramhā bhattaṃ yācati.
거지가 사람에게서 밥을 구걸한다.

② Putto mātulamhā pañhaṃ pucchati.
아들이 삼촌에게서 질문을 제기한다.

③ Kassako rukkhasmā patati.
농부가 나무에서 떨어진다.

복 수

① Yācakā narehi bhattaṃ yacanti.
거지들이 사람들에게서 밥을 구걸한다.

② Puttā mātulehi pañhe pucchanti.

아들들이 삼촌들에게서 질문들을 제기한다.

③ Kassakā rukkhehi patanti.

농부들이 나무들에서 떨어진다.

▸▹▸▹ 연습문제 04 ◃◂◃◂

4. 우리말로 번역하시오.

① Corā gāmamhā pabbataṃ dhāvanti.

② Dārako mātulasmā odanaṃ yācati.

③ Kumāro sopānamhā patati.

④ Mātulā sāṭake dhovanti.

⑤ Dhīvarā piṭakehi macche āharanti.

⑥ Upāsakā samaṇehi saddhiṃ vihārasmā nikkhamanti.

⑦ Brāhmaṇo kakacena rukkhaṃ chindati.

⑧ Kumārā mittehi saha bhūpālaṃ passanti.

⑨ Vānijo assena saddhiṃ pabbatasmā oruhati.

⑩ Yācako kassakasmā soṇaṃ yācati.

⑪ Sappā pabbatehi gāmaṃ otaranti.

⑫ Amaccā sarehi mige vijjhanti.

⑬ Coro gāmamhā sakaṭena sāṭake harati.

⑭ Bhūpālo amaccehi saddhiṃ rathena pāsādaṃ āgacchati.

⑮ Sūkarā pādehi āvāṭe khaṇanti.

⑯ Kumāro sahāyakehi saha sāṭake dhovati.

⑰ Samaṇā gāmamhā upāsakehi saddhiṃ nikkhamanti.

⑱ Kukkuro piṭakamhā macchaṃ khādati.

⑲ Mitto puttamhā sunakhaṃ yācati.

⑳ Buddho sāvake pucchati.

㉑ Amaccā paṇḍitehi pañhe pucchanti.

㉒ Rajako sahāyena saha sāṭakaṃ dhovati.

㉓ Macchā piṭakamhā patanti.

㉔ Corā pāsāṇehi varāhe paharanti.

㉕ Amacco pāsādamhā suvaṃ āharati.

5. 빨리어로 번역하시오.

① 말들이 마을에서 산으로 달린다.

② 상인들이 우바새들과 함께 섬에서 절로 온다.

③ 도둑들이 활들로 돼지들을 쏜다.

④ 우바새가 사문에게 법을 묻는다.

⑤ 아이가 친구와 함께 바위에서 떨어진다.

⑥ 개가 소년을 문다.

⑦ 대신들이 왕과 함께 궁전에서 떠난다.

⑧ 사람이 섬으로부터 사슴을 가져온다.

⑨ 농부가 나무로부터 내려온다.

⑩ 개들이 말들과 함께 길을 따라 달린다.

⑪ 소년들이 상인들로부터 등(燈)들을 훔친다.

⑫ 도둑이 계단에서 내려온다.

⑬ 상인들이 산들로부터 앵무새들을 가져온다.

⑭ 말이 발로 뱀을 때린다.

⑮ 삼촌이 친구들과 함께 산들에서 사문들을 본다.

⑯ 상인들이 섬으로부터 궁전에 말들을 가져온다.

⑰ 대신이 도둑에게 묻는다.

⑱ 농부가 세탁업자와 함께 밥을 먹는다.
⑲ 아이가 계단에서 떨어진다.
⑳ 어부가 삼촌과 함께 산을 오른다.
㉑ 거지가 개와 함께 잔다.
㉒ 왕들이 대신들과 함께 섬들을 보호한다.
㉓ 왕이 궁전에서 붓다를 예배한다.
㉔ 사람이 칼로 뱀을 죽인다.
㉕ 어부들이 수레들로 물고기들을 마을로 가져온다.
㉖ 돼지들이 마을에서 산으로 달린다.
㉗ 우바새들이 현자에게서 질문들을 제기한다.
㉘ 아들이 나무에서 앵무새를 가져온다.
㉙ 현자들이 절로 간다.
㉚ 제자들이 길을 따라 마을로 간다.

LESSON

05 -a로 끝나는 남성명사의 격변화(계속됨) : 여격, 단수와 복수

1. 어휘

-a로 끝나는 남성명사	동사
tāpasa 고행자(苦行者)	rodati 울다
ācariya 스승, 아사리(阿闍梨)	hasati 웃다
vejja 의사	labhati 얻다, 획득하다
sīha 사자(獅子)	pavisati 들어가다
luddaka 사냥꾼	dadāti 주다, 보시하다
aja 염소	ādadāti 가지다, 접수하다, 취하다
vānara, makkaṭa 원숭이	kīḷati 놀다
lābha 이득, 얻음	nahāyati 목욕하다
mañca 침대	ākaḍḍhati 끌다, 당기다
kuddāla 곡괭이, 삽, 호미	pajahati 포기하다, 버리다

2. -a로 끝나는 남성명사의 격변화(계속됨)

여격(dative) : 여격의 단수는 격어미(case ending) -āya, -ssa가 명사의 어간에 붙어서 만들어진다. 여격의 복수는 격어미 -ānaṃ이 붙어서 만들어진다.

	단수		
1	nara + āya, ssa	narāya, narassa	사람을 위해, 사람에게
2	mātula + āya, ssa	mātulāya, mātulassa	삼촌을 위해, 삼촌에게
3	kassaka + āya, ssa	kassakāya, kassakassa	농부를 위해, 농부에게

	복수		
1	nara + ānaṃ	narānaṃ	사람들을 위해, 사람들에게
2	mātula + ānaṃ	mātulānaṃ	삼촌들을 위해, 삼촌들에게
3	kassaka + ānaṃ	kassakānaṃ	농부들을 위해, 농부들에게

3. 문장 형식의 예

단수

① Dhīvaro narāya macchaṃ āharati.
어부가 물고기를 사람에게 가져온다.

② Putto mātulassa odanaṃ dadāti.
아들이 삼촌에게 밥을 준다.

③ Vāṇijo kassakassa ajaṃ dadāti.
상인이 농부에게 염소를 준다.

복수

① Dhīvarā narānaṃ macche āharanti.
어부들이 사람들에게 물고기들을 가져온다.

② Puttā mātulānaṃ odanaṃ dadanti.
아들들이 삼촌들에게 밥을 준다.

③ Vāṇijā kassakānaṃ aje dadanti.
상인들이 농부들에게 염소들을 준다.

▸▹▸▹ 연습문제 05 ◃◂◃◂

4. 우리말로 번역하시오.

① Vāṇijo rajakassa sāṭakaṃ dadāti.

② Vejjo ācariyassa dīpaṃ āharati.

③ Migā pāsāṇamhā pabbataṃ dhāvanti.

④ Manussā Buddhehi dhammaṃ labhanti.

⑤ Puriso vejjāya sakaṭaṃ ākaḍḍhati.

⑥ Dārako hatthena yācakassa bhattaṃ āharati.

⑦ Yācako ācariyā āvāṭaṃ khaṇati.

⑧ Rajako amaccānaṃ sāṭake dadāti.

⑨ Brāhmaṇo sāvakānaṃ mañce āharati.

⑩ Vānaro rukkhamhā patati, kukkuro vānaraṃ ḍasati.

⑪ Dhīvarā piṭakehi amaccānaṃ macche āharanti.

⑫ Kassako vāṇijāya rukkhaṃ chindati.

⑬ Coro kuddālena ācariyāya āvāṭaṃ khaṇati.

⑭ Vejjo puttānaṃ bhattaṃ pacati.

⑮ Tāpaso luddakena saddhiṃ bhāsati.

⑯ Luddako tāpasassa dīpaṃ dadāti.

⑰ Sīhā mige hananti.

⑱ Makkaṭo puttena saha rukkhaṃ āruhati.

⑲ Samaṇā upāsakehi odanaṃ labhanti.

⑳ Dārakā rodanti, kumāro hasati, mātulo kumāraṃ paharati.

㉑ Vānarā pabbatamhā oruhanti, rukkhe āruhanti.

㉒ Corā rathaṃ pavisanti, amacco rathaṃ pajahati.

㉓ Ācariyo dārakāya rukkhamhā sukaṃ āharati.

㉔ Luddako pabbatasmā ajaṃ ākaḍḍhati.

㉕ Tāpaso pabbatamhā sīhaṃ passati.

㉖ Vāṇijā kassakehi lābhaṃ labhanti.

㉗ Luddako vāṇijānaṃ varāhe hanati.

㉘ Tāpaso ācariyamhā pañhe pucchati.

㉙ Patto mañcamhā patati.

㉚ Kumārā sahāyakehi saddhiṃ nahāyanti.

5. 빨리어로 번역하시오.

① 상인들이 대신들에게 말들을 가져온다.

② 사냥꾼이 상인을 위해 염소를 죽인다.

③ 사람이 농부를 위해 톱으로 나무들을 벤다.

④ 사슴들이 사자로부터 도망간다.

⑤ 왕이 우바새들과 함께 붓다를 예배한다.

⑥ 도둑들이 마을들로부터 산들로 달린다.

⑦ 세탁업자가 왕을 위해 옷들을 세척한다.

⑧ 어부가 농부들을 위해 바구니들로 물고기들을 가져온다.

⑨ 스승이 절로 들어간다. 사문들을 본다.

⑩ 뱀이 원숭이를 문다.

⑪ 소년들이 바라문을 위해 침대를 당긴다.

⑫ 도둑들이 사람들과 함께 궁전으로 들어간다.

⑬ 농부들이 어부들로부터 물고기들을 얻는다.

⑭ 돼지들이 섬에서 산으로 간다.

⑮ 왕이 궁전을 버리고, 아들은 절로 들어간다.

⑯ 사자는 자고 원숭이들은 논다.

⑰ 스승이 개로부터 아들들을 보호한다.

⑱ 사냥꾼들이 대신들을 위해 화살들로 사슴들을 쏜다.

⑲ 아이들이 삼촌에게서 밥을 원한다.

⑳ 의사가 고행자에게 옷을 준다.

㉑ 상인이 스승을 위해 수레로 염소를 가져온다.

㉒ 아들들이 산에서 달을 본다.

㉓ 현자들이 법에서 이익을 얻는다.

㉔ 원숭이들이 마을에서 떠난다.

㉕ 아들이 친구를 위해 산으로부터 앵무새를 가져온다.

㉖ 의사가 절에 들어간다.

㉗ 승냥이가 길을 따라 마을에서 산으로 달린다.

㉘ 수레가 길에서 떨어지고, 아이는 운다.

㉙ 대신들이 계단으로 올라가고 의사는 계단으로 내려간다.

㉚ 현자들이 붓다에게서 질문들을 제기한다.

LESSON 06 -a로 끝나는 남성명사의 격변화(계속됨) : 속격, 단수와 복수

1. -a로 끝나는 남성명사의 격변화(계속됨)

속격(genitive) : 속격의 격변화는 여격의 그것과 아주 비슷하다. 속격의 단수는 격어미(case ending) -ssa가 명사의 어간에 붙어서 만들어지고, 속격의 복수는 격어미 -ānaṃ이 붙어서 만들어진다.

	단수		
1	nara + ssa	narassa	사람의
2	mātula + ssa	mātulassa	삼촌의
3	kassaka + ssa	kassakassa	농부의

	복수		
1	nara + ānaṃ	narānaṃ	사람들의
2	mātula + ānaṃ	mātulānaṃ	삼촌들의
3	kassaka + ānaṃ	kassakānaṃ	농부들의

2. 문장 형식의 예

단수

① Narassa putto bhattaṃ yācati.
사람의 아들이 밥을 요구한다.

② Mātulassa sahāyako rathaṃ āharati.
삼촌의 친구가 마차를 가져온다.

③ Kassakassa sūkaro dīpaṃ dhāvati.
농부의 돼지가 섬으로 달린다.

복수

① Narānaṃ puttā bhattaṃ yācanti.
사람들의 아들들이 밥을 요구한다.

② Mātulānaṃ sahāyakā rathe āharanti.
삼촌들의 친구들이 마차들을 가져온다.

③ Kassakānaṃ sūkarā dīpe dhāvanti.
농부들의 돼지들이 섬들로 달린다.

▶▷▶▷ 연습문제 06 ◁◀◁◀

3. 우리말로 번역하시오.

① Kassakassa putto vejjassa sahāyena saddhiṃ āgacchati.
② Brāhmaṇassa kuddālo hatthamhā patati.
③ Migā āvāṭehi nikkhamanti.
④ Vāṇijānaṃ assā kassakassa gāmaṃ dhāvanti.
⑤ Mātulassa mitto Tathāgatassa sāvake vandati.
⑥ Amacco bhūpālassa khaggena sappaṃ paharati.
⑦ Vāṇijā gāme manussānaṃ piṭakehi macche āharanti.
⑧ Coro vejjassa sakaṭena mittena saha gāmamhā nikkhamati.
⑨ Upāsakassa puttā samaṇehi saha vihāraṃ gacchanti.
⑩ Yācako amaccassa sāṭakaṃ icchati.

⑪ Mittānaṃ mātulā tāpasānaṃ odanaṃ dadanti.
⑫ Dhīvarassa kakacena coro kukkuraṃ paharati.
⑬ Bhūpālassa putto amaccassa assaṃ āruhati.
⑭ Paṇḍitassa puttā Buddhassa sāvakena saha vihāraṃ pavisanti.
⑮ Suriyo manusse rakkhati.
⑯ Vejjassa sunakho ācariyassa sopānamhā patati.
⑰ Rajakā rukkhehi oruhanti.
⑱ Yācakassa dārakā rodanti.
⑲ Luddakassa puttā corassa dārakehi saddhiṃ kīḷanti.
⑳ Tāpaso Tathāgatassa sāvakānaṃ odanaṃ dadāti.
㉑ Samaṇā ācariyassa hatthena sāṭake labhanti.
㉒ Coro vāṇijassa sahāyakasmā assaṃ yācati.
㉓ Upāsakā Tathāgatassa sāvakehi pañhe pucchanti.
㉔ Pāsāṇamhā migo patati, luddako hasati, sunakhā dhāvanti.
㉕ Vejjassa patto puttassa hatthamhā patati.
㉖ Kumāro mātulānaṃ puttānaṃ hatthena odanaṃ dadāti.
㉗ Sarā luddakassa hatthehi patanti, migā pabbataṃ dhāvanti.
㉘ Bhūpālassa putto amaccehi saddhiṃ pāsādasmā oruhati.
㉙ Vejjassa soṇo kassakassa sūkaraṃ ḍasati.
㉚ Dhīvaro manussānaṃ macche āharati, lābhaṃ labhati.

4. 빨리어로 번역하시오.

① 바라문의 아들들이 대신의 아들과 함께 목욕한다.
② 삼촌의 친구가 농부의 아들과 함께 밥을 짓는다.
③ 어부가 왕의 궁전으로 물고기들을 가져온다.
④ 왕이 궁전에서 대신들의 아들들을 부른다.
⑤ 상인의 마차가 산에서 떨어진다.

⑥ 왕의 대신들이 말들과 함께 궁전에서 떠난다.
⑦ 바라문의 의사가 고행자들에게 옷들을 준다.
⑧ 사냥꾼의 개들이 산에서 마을로 달린다.
⑨ 상인이 의사의 아이를 위해 침대를 가져온다.
⑩ 사슴들이 산에서 마을로 달린다.
⑪ 스승의 아이가 농부의 나무에서 떨어진다.
⑫ 개가 어부의 바구니에서 물고기들을 먹는다.
⑬ 붓다의 제자들이 절에서 산으로 간다.
⑭ 사냥꾼이 대신의 친구들을 위해 화살로 돼지를 죽인다.
⑮ 아이가 스승의 손들로부터 등(燈)을 얻는다.
⑯ 의사들의 스승이 아이의 삼촌을 부른다.
⑰ 소년이 사문을 위해 그릇으로 밥을 가져온다.
⑱ 사람들이 우바새들의 마을로 간다.
⑲ 돼지들이 승냥이들로부터 도망간다.
⑳ 원숭이들이 사슴과 함께 논다.
㉑ 현자가 상인들과 함께 왕의 섬으로 온다.
㉒ 농부들의 아이들이 삼촌들의 마차들로 산에 간다.
㉓ 상인들의 수레들에서 옷들이 떨어진다.
㉔ 사문이 왕의 손들로부터 발우를 얻는다.
㉕ 세탁업자가 사람의 삼촌에게 옷들을 가져온다.
㉖ 왕의 대신들이 스승의 친구들과 함께 밥을 먹는다.
㉗ 현자들이 도둑들로부터 왕들의 섬들을 지킨다.
㉘ 소년들이 어부들을 위해 농부들로부터 바구니들을 가져온다.
㉙ 농부의 말이 의사의 마차를 길에서 끈다.
㉚ 사문들이 스승의 마을로 들어간다.

07 -a로 끝나는 남성명사의 격변화(계속됨) : 처격, 단수와 복수

1. 어휘

-a로 끝나는 남성명사	동사
nāvika 선원, 뱃사공 ākāsa 허공, 공간 samudda 바다, 대양 deva, sura 신(神), 천인(天人) loka 세계, 세상 āloka 빛, 광명 sakuṇa 새 kāka 까마귀 nivāsa 집 sappurisa 착한 사람, 참된 사람 asappurisa 나쁜 사람, 참되지 못한 사람 kāya ① 몸, ② 무리 dūta 전령, 사절 goṇa 소, 수소	āhiṇḍati 서성이다, 어슬렁거리다 carati 걷다, 거닐다, 행동하다, 움직이다, 활동하다 nisīdati 앉다 sannipatati 모이다, 집합하다 viharati 살다, 거주하다, 머물다 vasati 살다, 거주하다, 머물다 jīvati 살다 tiṭṭhati 서다, 지탱하다 uppatati 날다, 날아오르다, 도약하다, 비상하다 tarati (물을) 건너다 uttarati ① (물 밖으로) 나오다, ② 건너다 pasīdati ① 즐거워하다, 기뻐하다, 청정해지다, ② 믿음을 지니다

2. -a로 끝나는 남성명사의 격변화(계속됨)

처격(locative) : 처격의 단수는 격어미(case ending) -e, -mhi, -smiṃ이 명사의 어간에 붙어서 만들어지고, 처격의 복수는 격어미 -esu가 명사의 어간에 붙어서 만들어진다.

	단수		
1	nara + e, mhi, smiṃ	nare, naramhi, narasmiṃ	사람에, 사람에서, 사람 위에
2	mātula + e, mhi, smiṃ	mātule, mātulamhi, mātulasmiṃ	삼촌에, 삼촌에서, 삼촌 위에
3	kassaka + e, mhi, smiṃ	kassake, kassakamhi, kassakasmiṃ	농부에, 농부에서, 농부 위에

	복수		
1	nara + esu	naresu	사람들에, 사람들에서, 사람들 위에
2	mātula + esu	mātulesu	삼촌들에, 삼촌들에서, 삼촌들 위에
3	kassaka + esu	kassakesu	농부들에, 농부들에서, 농부들 위에

3. 문장 형식의 예

단 수

① Sappo narasmiṃ patati.

밤이 사람 위에 떨어진다.

② Putto mātulamhi pasīdati.[6]

아들이 삼촌을 즐거워한다.

③ Vāṇijo kassakasmiṃ pasīdati.

상인이 농부를 즐거워한다.

복 수

① Sappā naresu patanti.

뱀들이 사람들 위에 떨어진다.

---

6 pasīdati가 '즐거워하다'의 뜻을 나타낼 경우에는 항상 처격으로 된 용어를 동반한다.

② Puttā mātulesu pasīdanti.
아들들이 삼촌들을 즐거워한다.

③ Vāṇijā kassakesu pasīdanti.
상인들이 농부들을 즐거워한다.

▸▹▸▹ 연습문제 07 ◃◂◃◂

4. 우리말로 번역하시오.

① Brāhmaṇo sahāyakena saddhiṃ rathamhi nisīdati.
② Asappurisā corehi saha gāmesu caranti.
③ Vāṇijo kassakassa nivāse bhattaṃ pacati.
④ Bhūpālassa amaccā dīpesu manusse rakkhanti.
⑤ Sugatassa sāvakā vihārasmiṃ vasanti.
⑥ Makkaṭo rukkhamhā āvāṭasmiṃ patati.
⑦ Suriyassa āloko samuddamhi patati.
⑧ Kassakānaṃ goṇā gāme āhiṇḍanti.
⑨ Vejjassa dārako mañcasmiṃ sayati.
⑩ Dhīvarā samuddamhā piṭakesu macche āharanti.
⑪ Sīho pāsāṇasmiṃ tiṭṭhati, makkaṭā rukkhesu caranti.
⑫ Bhūpālassa dūto amaccena saddhiṃ samuddaṃ tarati.
⑬ Manussā loke jīvanti, devā sagge vasanti.
⑭ Migā pabbatesu dhāvanti, sakuṇā ākāse uppatanti.
⑮ Amacco khaggaṃ bhūpālassa hatthamhā ādadāti.
⑯ Ācariyo mātulassa nivāse mañcamhi puttena saha nisīdati.
⑰ Tāpasā pabbatamhi viharanti.

⑱ Upāsakā samaṇehi saddhiṃ vihāre sannipatanti.

⑲ Kākā rukkhehi uppatanti.

⑳ Buddho dhammaṃ bhāsati, sappurisā Buddhamhi pasīdanti.

㉑ Asappuriso khaggena nāvikassa dūtaṃ paharati.

㉒ Puriso sarena sakuṇaṃ vijjhati, sakuṇo rukkhamhā āvāṭasmiṃ patati.

㉓ Manussā suriyassa ālokena lokaṃ passanti.

㉔ Kassakassa goṇā magge sayanti.

㉕ Goṇassa kāyasmiṃ kāko tiṭṭhati.

㉖ Migā dīpasmiṃ pāsāṇesu nisīdanti.

㉗ Sakuṇo nāvikassa hatthamhā āvāṭasmiṃ patati.

㉘ Sappuriso nāvikena saha samuddamhā uttarati.

㉙ Kuddālo luddakassa hatthamhā āvāṭasmiṃ patati.

㉚ Suriyassa ālokena cando bhāsati.[7]

5. 빨리어로 번역하시오.

① 사자가 산의 바위에 서 있다.

② 도둑들이 스승의 집에 들어간다.

③ 아이들이 친구들과 함께 길에서 바다로 달린다.

④ 삼촌의 소들이 길에서 어슬렁거린다.

⑤ 새들이 나무에 앉는다.

⑥ 소가 발로 염소를 때린다.

⑦ 승냥이들이 산에 거주한다.

⑧ 왕이 대신들과 함께 붓다의 발들에 예배한다.

⑨ 삼촌이 아들과 함께 침대에서 잔다.

⑩ 어부가 농부의 집에서 밥을 먹는다.

---

7 bhāsati (√bhāṣ) ① 말하다, ② 빛나다. 여기서는 ②의 뜻으로 쓰였다.

⑪ 왕의 말들이 섬에 거주한다.
⑫ 착한 사람이 고행자에게 등(燈)을 가져온다.
⑬ 의사가 스승의 집으로 옷을 가져온다.
⑭ 원숭이가 개와 함께 바위 위에서 논다.
⑮ 옷이 농부의 몸 위에 떨어진다.
⑯ 사냥꾼이 바구니에 화살들을 옮긴다.
⑰ 붓나의 세사들이 절에 보인다.
⑱ 세탁업자가 대신들의 옷들을 세탁한다.
⑲ 새들이 하늘에서 난다.
⑳ 착한 사람이 선원과 함께 바다로부터 나온다.
㉑ 신들이 붓다의 제자들을 즐거워한다.
㉒ 상인들이 선원들과 함께 바다를 건넌다.
㉓ 착한 사람이 뱀으로부터 개를 보호한다.
㉔ 까마귀들이 산에 있는 나무들로부터 날아오른다.
㉕ 돼지가 어부의 바구니로부터 물고기를 당긴다.
㉖ 태양의 빛이 세계에 있는 사람들에게 떨어진다.
㉗ 신들이 허공을 통해 간다.
㉘ 아이들이 길에서 개와 함께 논다.
㉙ 나쁜 사람이 나무에서 원숭이를 당긴다.
㉚ 왕의 전령이 말에서 내려온다.

LESSON 08 -a로 끝나는 남성명사의 격변화(계속됨) : 호격, 단수와 복수

1. -a로 끝나는 남성명사의 격변화(계속됨)

호격(vocative) : 호격의 단수는 변화하지 않은 명사의 어간이 사용된다. 호격의 복수는 격어미(case ending) –ā가 붙어서 만들어진다.

	단수		복수		
1	nara	사람이여!	nara + a	narā	사람들이여!
2	mātula	삼촌이여!	mātula + ā	mātulā	삼촌들이여!
3	kassaka	농부여!	kassaka + ā	kassakā	농부들이여!

2. -a로 끝나는 남성명사의 격변화 표[8]

nara = 사람

		단수	복수
1	주격	naro	narā
2	대격	naraṃ	nare
3	구격	narena	narehi (narebhi)
4	탈격	narā, naramhā, narasmā	narehi (narebhi)
5	여격	narāya, narassa	narānaṃ
6	속격	narassa	narānaṃ
7	처격	nare, naramhi, narasmiṃ	naresu
8	호격	nara	narā

8 이 책에서 격들은 전통적인 빨리어 문법학에 따라서 주격→대격→구격의 순서대로 나열된다. 하지만 릴리 데 실바는 Lesson 18부터는 주격 다음에 호격을 배치하고 있다.

3. -a로 끝나는 중성명사의 격변화

phala = 과일, 열매

		단수	복수
1	주격	phalaṃ	phalā, phalāni
2	대격	phalaṃ	phale, phalāni
3	호격	phala	phalāni

나머지 격들은 -a로 끝나는 남성명사의 격변화와 유사하다.

4. 어휘

-a로 끝나는 중성명사	동사
nayana, locana 눈	vivarati ① 열다, ② 해석하다
udaka, jala 물	naccati 춤추다
arañña, vana 숲	nikkhipati 방치하다, 놓다, 두다
puppha, kusuma 꽃	uṭṭhahati 일어나다
geha, ghara 집	phusati 접촉하다, 만지다
āsana 자리, 좌석	anusāsati ①가르치다, ② 충고하다, 훈계하다, ③안내하다
paṇṇa 잎, 잎사귀	ovadati 훈계하다, 충고하다
tiṇa 풀	saṃharati 모으다
khīra 우유	āsiñcati (물을) 뿌리다
nagara 도시	akkosati 욕하다, 비난하다, 꾸짖다
uyyāna 공원, 정원	bhindati 쪼개다, 부수다, 파괴하다, 깨뜨리다
khetta 밭	pibati, pivati 마시다
bhaṇḍa 상품	
sīla 계(戒), 도덕	
dāna 보시, 베풂, 시물	
rūpa 형색, 형상, 물질, 그림	
dvāra 문	
vattha 옷, 의복	

▸▹▸▹ 연습문제 08 ◃◂◃◂

5. 우리말로 번역하시오.

① Upāsako pupphāni āharati.

② Araññe migā vasanti, rukkhesu makkaṭā caranti.

③ Goṇā tiṇaṃ khādanti.

④ Manussā nayanehi passanti.

⑤ Samaṇo vihārasmiṃ āsane nisīdati.

⑥ Rukkhamhā paṇṇāni patanti.

⑦ Vāṇijā gāmamhā khīraṃ nagaraṃ haranti.

⑧ Bhūpālo kumārena saddhiṃ uyyāne carati.

⑨ Kassako khettamhi kuddālena āvāṭe khaṇati.

⑩ Mātulo puttassa bhaṇḍāni dadāti.

⑪ Upāsakā samaṇaṃ dānaṃ dadanti, sīlāni rakkhanti.

⑫ Dārakā mittehi saddhiṃ udakasmiṃ kīḷanti.

⑬ Kassakā vāṇijehi vatthāni labhanti.

⑭ Kumāro uyyānamhā mātulassa kusumāni āharati.

⑮ Brāhmaṇassa ajā goṇehi saha vane āhiṇḍanti, tiṇāni khādanti.

⑯ Sīho vanasmiṃ rukkhamūle[9] nisīdati.

⑰ Rajakā udakena āsanāni dhovanti.

⑱ Amacco dūtena saddhiṃ rathena araññaṃ pavisati.

⑲ Yācakassa putto udakena paṇṇāni dhovati.

⑳ Vāṇijā bhaṇḍāni nagaramhā gāmaṃ aharanti.

㉑ Tathāgatassa sāvakā asappurisānaṃ putte anusāsanti.

㉒ Upāsakā udakena pupphāni āsiñcanti.

---

9 rukkhamūle : rukkhamūla의 단수, 처격, '나무뿌리 위에'. 무더운 인도에서는 큰 나무들의 뿌리가 대개 지면 위로 노출되어 있다. 그래서 '나무뿌리 위에 앉는다.'는 표현이 가능한 것이다.

㉓ Kumāro pattaṃ bhindati, mātulo akkosati.

㉔ Luddakassa putto migassa kāyaṃ hatthena phusati.

㉕ Goṇo khette pāsāṇamhā uṭṭhahati.

㉖ Rajakassa putto sāṭake mañcasmiṃ nikkhipati.

㉗ Sugatassa sāvako vihārassa dvāraṃ vivarati.

㉘ Vejjassa dārakā gehe naccanti.

㉙ Paṇḍito asappurisaṃ ovadati.

㉚ Coro ācariyassa sakaṭaṃ pabbatasmiṃ pajahati.

6. 빨리어로 번역하시오.

① 아이들이 개와 함께 물에서 논다.

② 나쁜 사람이 나무로부터 잎들을 자른다.

③ 왕들이 대신들과 함께 마차들로 공원에 간다.

④ 상인들이 상품들을 갖고서 도시로부터 나온다.

⑤ 착한 사람들이 사문들에게 시물을 준다.

⑥ 붓다의 제자들이 우바새들과 함께 공원에 모인다.

⑦ 도둑이 숲의 나무로부터 내려온다.

⑧ 나쁜 사람들이 돌들로 나무들 위의 원숭이들을 때린다.

⑨ 의사의 말이 소와 함께 길에서 풀을 먹는다.

⑩ 승냥이들이 숲들에서 살고, 개들은 마을들에서 산다.

⑪ 바라문들이 현자의 집에 있는 좌석들 위에 앉는다.

⑫ 선원이 집의 문들을 연다.

⑬ 어부들의 아들들이 친구들과 함께 공원에서 춤춘다.

⑭ 상인이 바구니들 안에 물고기들을 넣는다.

⑮ 세계가 태양으로부터 빛을 받는다.

⑯ 선원들이 좌석들로부터 일어난다.

⑰ 의사의 친구가 발로 개의 몸을 만진다.

⑱ 붓다가 절에서 제자들을 훈계한다.

⑲ 소년들은 공원에서 꽃들을 모으고, 우바새들은 물로 뿌린다.

⑳ 앵무새가 선원의 집에서 하늘로 날아오른다.

㉑ 도둑은 톱으로 나무를 자르고, 농부는 꾸짖는다.

㉒ 현자는 상인을 훈계하고, 상인은 현자를 즐거워한다.

㉓ 왕의 전령이 선원과 함께 바다로부터 나온다.

㉔ 상인들이 도시로부터 농부들에게 옷들을 가져온다.

㉕ 신들이 착한 사람들을 보호한다. 착한 사람들은 계들을 보호한다.

㉖ 사람들이 태양의 빛의 도움을 받아 눈들로 형상들을 본다.

㉗ 나무들로부터 잎들이 길 위에 떨어진다.

㉘ 우바새들이 꽃제단들 위에 꽃들을 내려놓는다.

㉙ 염소들이 밭의 구덩이들에서 물을 마신다.

㉚ 사자들이 나무뿌리 위에 있는 바위에서 일어난다.

LESSON 09 연속체 또는 절대사

1. 연속체(gerund), 절대사(absolute), 불변분사(indeclinable participle)

연속체, 절대사, 불변분사는 접미사 –tvā가, 모음 –i–와 연결되거나 때로는 연결되지 않고 동사의 어근(語根, root)[10]이나 어간(語幹, stem)에 붙어서 만들어진다.

	연속체		
1	√pac + i + tvā	pacitvā	요리하고서
2	√khād + i + tvā	khāditvā	먹고서
3	√gam + tvā	gantvā	가고서
4	√han + tvā	hantvā	죽이고서

때로는 접미사 –ya가 접두사와 함께 동사의 어근에 붙기도 한다.

	연속체		
1	ā + √gam + ya	āgamma (동화)	오고서
2	ā + √dā + ya	ādāya	갖고서
3	ā + √ruh + ya	āruyha (전환)	올라가고서
4	ava + √ruh + ya	oruyha (전환)	내려오고서

10 ㊟ 어근(語根, root)은 서양 학자들의 산스끄리뜨 문법서들에서 통상적으로 제시되고 있는 접미사나 접두사가 없는 동사의 가장 단순한 요소이다. 어간(語幹, stem)은 이러한 어근에 접미사가 붙어서 만들어진다. 예를 들면, pac은 어근이고, paca는 어간이다. khād는 어근이고, khāda는 어간이다. bhuj는 어근이고, bhuñja는 어간이다. gam은 어근이고 gaccha는 어간이다.

2. 다음의 형식들에 주의하라.

	현재형, 3인칭, 단수	연속체	
1	bhuñjati	bhuñjitvā, bhutvā	즐기고서, 먹고서
2	āgacchati	āgantvā, āgamma	오고서
3	hanati	hanitvā, hantvā	죽이고서
4	dadāti	daditvā, datvā	주고서
5	nahāyati	nahāyitvā, nahātvā	목욕하고서
6	tiṭṭhati	ṭhatvā	서고서, 지탱하고서
7	nikkhamati	nikkhamitvā, nikkhamma	① 나가고서, 떠나고서, ② 출가하고서
8	pajahati	pajahitvā, pahāya	포기하고서, 버리고서
9	passati	passitvā[11]	보고서
10	uṭṭhahati	uṭṭhahitvā, uṭṭhāya	일어나고서

3. 문장 형성의 예

① Kassako khettamhā āgantvā bhattaṃ bhuñjati.
농부가 밭에서 오고서 밥을 먹는다.

② Vānarā rukkhaṃ āruyha phalāni khādanti.
원숭이들이 나무에 올라가고서 과일들을 먹는다.

③ Dārako bhattaṃ yācitvā rodati.
아이가 밥을 요구하고서 운다.

④ Samaṇo Buddhaṃ passitvā vandati.
사문이 붓다를 보고서 예배한다.

---

11 ㊟ 하지만 passitvā보다는 dassati (√dṛś)에서 파생된 disvā가 더 보편적으로 쓰인다.

4. 우리말로 번역하시오.

① Upāsako vihāraṃ gantvā samaṇānaṃ dānaṃ dadāti.

② Sāvako āsanamhi nisīditvā pāde dhovati.

③ Dārakā pupphāni saṃharitvā mātulassa datvā hasanti.

④ Yācakā uyyānamhā āgamma kassakasmā odanaṃ yācanti.

⑤ Luddako hatthena sare ādāya araññaṃ pavisati.

⑥ Kumārā kukkurena saddhiṃ kīḷitvā samuddaṃ gantvā nahāyanti.

⑦ Vāṇiijo pāsāṇasiṃ ṭhatvā kuddālena sappaṃ paharati.

⑧ Sappuriso yācakassa putte pakkositvā vatthāni dadāti.

⑨ Dārako āvāṭamhi patitvā rodati.

⑩ Bhūpālo pāsādamhā nikkhamitvā amaccena saddhiṃ bhāsati.

⑪ Sunakho udakaṃ pivitvā gehamhā nikkhamma magge sayati.

⑫ Samaṇā bhūpālassa uyyāne sannipatitvā dhammaṃ bhāsanti.

⑬ Putto nahātvā bhattaṃ bhutvā mañcaṃ āruyha sayati.

⑭ Vāṇijā dīpamhā nagaraṃ āgamma ācariyassa gehe vasanti.

⑮ Rajako vatthāni dhovitvā puttaṃ pakkosati.

⑯ Vānarā rukkhehi oruyha uyyāne āhiṇḍanti.

⑰ Migā vanamhi āhiṇḍitvā paṇṇāni khādanti.

⑱ Kumāro nayanāni dhovitvā suriyaṃ passati.

⑲ Nāvikassa mittā nagarasmā bhaṇḍāni ādāya gāmaṃ āgacchanti.

⑳ Dārako khīraṃ pivitvā gehamhā nikkhamma hasati.

㉑ Sappurisā dānāni datvā sīlāni rakkhitvā saggaṃ gacchanti.

㉒ Sūkaro udakamhā uttaritvā āvāṭaṃ oruyha sayati.

㉓ Tāpaso Tathāgatassa sāvakaṃ disvā vanditvā pañhaṃ pucchati.

㉔ Asappuriso yācakassa pattaṃ bhinditvā akkositvā gehaṃ gacchati.

㉕ Sakuṇā gāme rukkhehi uppatitvā araññaṃ otaranti.

㉖ Paṇḍito āsanamhā uṭṭhahitvā tāpasena saddhiṃ bhāsati.

㉗ Dārako gehā nikkhamma mātulaṃ pakkositvā gehaṃ pavisati.

㉘ Devā sappurisesu pasīditvā te[12] rakkhanti.

㉙ Kumārassa sahāyakā pāsādaṃ āruyha āsanesu nisīdanti.

㉚ Goṇā khettamhi āhiṇḍitvā tiṇaṃ khāditvā sayanti.

5. 빨리어로 번역하시오.

① 농부가 집에서 떠나고서 밭으로 들어간다.

② 붓다가 법을 설하고서 절로 들어간다.

③ 왕이 붓다를 즐거워하고서 궁전을 버리고서 절로 간다.

④ 아이가 계단에서 내려오고서 웃는다.

⑤ 소녀이 돌로 뱀을 때리고서 집으로 도망간다.

⑥ 사람이 숲으로 가고서 나무에 올라가고서 과일들을 먹는다.

⑦ 세탁업자가 물로 옷들을 세탁하고서 (그것들을) 집으로 가져온다.

⑧ 사자가 염소를 죽이고서 바위에 앉고서 먹는다.

⑨ 의사가 상인들의 상품들을 보고서 도시에서 떠난다.

⑩ 도둑들이 집을 파괴하고서 숲으로 도망친다.

⑪ 돼지가 밭에서 서성이고서 구덩이에 떨어진다.

⑫ 어부가 농부들을 위해 바다로부터 물고기들을 가져온다.

⑬ 스승이 도시에서 상품들을 갖고서 집으로 온다.

⑭ 사냥꾼이 산에 서고서 활들로 새들을 쏜다.

⑮ 소들이 공원에서 풀을 먹고서 길에서 잔다.

⑯ 왕이 마차에서 내려오고서 농부들과 함께 이야기한다.

⑰ 사람이 집을 버리고서 절로 들어간다.

⑱ 어부들이 상인들에게 물고기들을 주고서 이익을 얻는다.

---

12 te : ta의 복수, 대격, '그들을'

⑲ 우바새가 사문에게서 질문을 제기하고서 좌석에 앉는다.

⑳ 붓다의 제자들이 나쁜 사람들을 보고서 훈계한다.

㉑ 바라문이 소년을 꾸짖고서 때린다.

㉒ 신들이 붓다에게서 질문들을 제기하고서 즐거워한다.

㉓ 개가 스승의 발을 물고서 집으로 도망간다.

㉔ 원숭이가 길에서 염소와 놀고서 나무에 올라간다.

㉕ 고행자가 숲으로부터 오고서 착한 사람에게서 옷을 받는다.

㉖ 아이가 물을 마시고서 그릇을 깬다.

㉗ 사문들이 농부들의 아이들을 훈계하고서 자리들에서 일어나고서 절로 간다.

㉘ 선원이 바다를 건너고서 섬으로 간다.

㉙ 아이가 삼촌들을 부르고서 집에서 춤춘다.

㉚ 농부가 옷들을 세탁하고서 목욕하고서 물에서 나온다.

LESSON 10 부정사

1. 부정사(infinitive)

부정사는 접미사 -tuṃ이 모음 -i-와 연결되거나 때로는 연결되지 않고 동사의 어근이나 어간에 붙어서 만들어진다.

	부정사		
1	pac + i + tuṃ	pacituṃ	요리하기 위해
2	khād + i + tuṃ	khādituṃ	먹기 위해
3	gam + tuṃ	gantuṃ	가기 위해
4	dā + tuṃ	dātuṃ	주기 위해
5	ṭhā (Skt. sthā) + tuṃ	ṭhātuṃ	서기 위해
6	pā + tuṃ	pātuṃ, pivituṃ	마시기 위해

2. 문장 형식의 예

① Kassako khettaṃ kasituṃ icchati.
농부가 밭을 갈기 원한다.

② Dārako phalāni khādituṃ rukkhaṃ āruhati.
아이가 과일들을 먹기 위해 나무에 오른다.

③ Manussā samaṇehi pañhe pucchituṃ vihāraṃ āgacchanti.
사람들이 사문들에게서 질문들을 제기하기 위해 절에 온다.

④ Kumārā kīḷituṃ mittehi saha samuddaṃ gacchanti.
소년들이 놀기 위해 친구들과 함께 바다로 간다.

▸▹▸▹ 연습문제 10 ◃◂◃◂

3. 우리말로 번역하시오.

① Kumārā vanamhi mittehi saha kīḷitvā bhattaṃ bhuñjituṃ gehaṃ dhāvanti.
② Migā tiṇaṃ khāditvā udakaṃ pātuṃ pabbatamhā uyyānaṃ āgacchanti.
③ Vāṇijassa putto bhaṇḍāni āharituṃ rathena nagaraṃ gacchati.
④ Yācako mātulassa kuddālena āvāṭaṃ khaṇituṃ icchati.
⑤ Amaccā bhūpālaṃ passituṃ pāsādamhi sannipatanti.
⑥ Goṇā uyyāne āhiṇḍitvā kassakassa khettaṃ āgacchanti.
⑦ Upāsakā samaṇāṃ dānaṃ dātuṃ vihāraṃ pavisanti.
⑧ Rathena nagaraṃ gantuṃ puriso gehasmā nikkhamati.
⑨ Brāhmaṇo vejjena saddhiṃ nahāyituṃ udakaṃ otarati.
⑩ Coro amaccassa gehaṃ pavisituṃ uyyāne āhiṇḍati.
⑪ Sīho pabbatamhi sayitvā uṭṭhāya migaṃ hantuṃ oruhati.
⑫ Udakaṃ otaritvā vatthāni dhovituṃ rajako puttaṃ pakkosati.
⑬ Tathāgataṃ passitvā vandituṃ upāsako vihāraṃ pavisati.
⑭ Khettaṃ kasituṃ kassako kuddālaṃ ādāya gehā nikkhamati.
⑮ Sarehi mige vijjhituṃ luddakā sunakhehi saha araññaṃ pavisanti.
⑯ Narā gāmamhā nikkhamitvā nagare vasituṃ icchanti.
⑰ Sakuṇe passituṃ amaccā kumārehi saha pabbataṃ āruhanti.
⑱ Pabbatasmā rukkhaṃ ākaḍḍhituṃ vāṇijena saha kassako gacchati.
⑲ Phalāni khādituṃ makkaṭā rukkhesu caranti.

⑳ Paṇḍito sugatassa sāvakehi saddhiṃ bhāsituṃ icchati.

㉑ Samuddaṃ taritvā dīpaṃ gantvā vatthāni āharituṃ vāṇijā icchanti.

㉒ Pupphāni saṃharitvā udakena āsiñcituṃ upāsako kumāre ovadati.

㉓ Ajassa kāyaṃ hatthehi phusituṃ dārako icchati.

㉔ Brāhmaṇassa gehe āsanesu nisīdituṃ rajakassa puttā icchanti.

㉕ Pātuṃ udakaṃ yācitvā dārako rodati.

4. 빨리어로 번역하시오.

① 염소들이 잎들을 먹고서 물을 마시기 위해 공원을 어슬렁거린다.

② 나쁜 사람이 발로 개를 때리기 원한다.

③ 친구들이 개들과 함께 놀기 위해 공원으로 간다.

④ 우바새가 집에 와서 아들들을 훈계하기 원한다.

⑤ 신이 절에 가고서 붓다와 함께 대화하기 원한다.

⑥ 착한 사람이 계들을 지키고서 시물들을 보시하기 원한다.

⑦ 돼지들이 숲으로 들어가기 위해 마을로부터 도망간다.

⑧ 농부가 밭에서 구덩이들을 파기 위해 상인에게서 곡괭이를 요구한다.

⑨ 우바새들이 붓다를 예배하기 위해 절에 모인다.

⑩ 삼촌이 어부를 부르기 위해 집에서 나온다.

⑪ 농부들은 소들을 얻기 원하고, 상인들은 말들을 얻기 원한다.

⑫ 왕이 궁전을 버리기 원한다.

⑬ 사람들이 아이들을 위해 과일들을 모으려고 바구니들을 갖고서 숲으로 들어간다.

⑭ 농부가 소들을 위해 풀들을 베려고 숲에서 서성인다.

⑮ 사람들이 아들들과 함께 도시의 집들에서 살고 싶어 한다.

⑯ 아이는 바위에 서고서 나무들 위의 꽃들을 본다.

⑰ 의사가 스승에게서 옷을 얻고서 기뻐한다.

⑱ 사냥꾼이 숲에서 염소를 끌기 위해 친구를 부른다.

⑲ 선원이 바다를 건너기 위해 상인들을 부른다.

⑳ 착한 사람이 자리에서 일어나고서 사문과 함께 대화하기 원한다.

㉑ 아이들이 물에 내려오고서 목욕하기 원한다.

㉒ 대신이 숲에 들어가고서 사슴들을 쏘기 위해 말에 오른다.

㉓ 소년이 삼촌의 친구들을 위해 밥을 짓기 원한다.

㉔ 승냥이들이 농부들의 밭들에 들어가기 위해 숲에서 떠난다.

㉕ 사람들이 태양의 빛의 도움을 받아 눈들로 형상들을 보기 원한다.

LESSON 11

현재분사, 남성과 중성

1. 어휘

-a로 끝나는 중성명사	동사
āpaṇa ① 상점, 가게, ② 시장	pariyesati 찾다, 구하다, 추구하다
puñña 공덕	ārabhati 시작하다, 개시하다, 착수하다
pāpa 악(惡)	ussahati 시도하다, 노력하다
kamma 업(業), 행위, 일	upasaṅkamati 다가가다, 접근하다
kusala 선한	adhigacchati ① 얻다, ② 이해하다, 파악하다
akusala 불선한	gāyati 노래하다
dhana 재산, 재물	āmasati 접촉하다, 만지다
dhañña 곡식	bhāyati 두려워하다
bīja 종자, 씨앗	cavati 떠나다. 죽다, 소멸하다
dussa 옷	uppajjati ① 일어나다, ② 태어나다
cīvara 가사(袈裟)	khipati 던지다, 버리다
mūla ① 뿌리, ② 바닥, 밑, ③ 근거, 근본, ④ 돈	vapati 파종하다, 뿌리다
rukkhamūla 나무뿌리	ākaṅkhati 희망하다, 원하다, 바라다
tuṇḍa 부리	sibbati 꿰매다, 바느질하다
vetana 임금, 급여, 보수	
paduma 연꽃	
gīta 노래	
suvaṇṇa, hirañña 황금, 금	
sacca 진리, 진실	
pānīya 마실 물, 음료	
citta 마음	

2. 현재분사(present participle)

현재분사는 동사의 어간에 –nta나 –māna가 붙어서 만들어진다. 현재분사는 형용사의 기능을 하며, 자신이 수식하는 명사들의 성 · 수 · 격과 일치한다. 현재분사는 –a로 끝나는 남성과 중성의 명사들과 같이 격변화한다. (아직 여성이 소개되지 않았기 때문에, 현재분사의 여성은 Lesson 21에서 설명될 것이다.)

	현재분사의 남성과 중성		
1	paca + nta, māna	pacanta, pacamāna	요리하고 있는
2	gacca + nta, māna	gacchanta, gacchamāna	가고 있는
3	bhuñja + nta, māna	bhuñjanta, bhuñjamāna	즐기고 있는, 먹고 있는
4	tiṭṭha + nta, māna	tiṭṭhanta, tiṭṭhamāna	서 있는
5	vihara + nta, māna	viharanta, viharamāna	거주하고 있는

3. 문장 형식의 예

단 수

① Bhattaṃ pacanto (pacamāno) puriso hasati. (주격)
밥 먹고 있는 남자가 웃는다.

② Vejjo bhattaṃ pacantaṃ (pacamānaṃ) purisaṃ pakkosati. (대격)
의사가 밥 짓고 있는 사람을 부른다.

③ Vejjo bhattaṃ pacantena (pacamānena) purisena saha bhāsati. (구격)
의사가 밥 짓고 있는 사람과 함께 이야기한다.

복 수

① Bhattaṃ pacantā (pacamānā) purisā hasanti. (주격)
밥 짓고 있는 사람들이 웃는다.

② Vejjo bhattaṃ pacante (pacamāne) purise pakkosati. (대격)
의사가 밥 짓고 있는 사람들을 부른다.

③ Vejjo bhattaṃ pacantehi (pacamānehi) purisehi saha bhāsati. (구격)
의사가 밥 짓고 있는 사람들과 함께 이야기한다.

이와 유사하게 현재분사는 모든 격들 속에서 자신이 수식하는 명사들과 일치하도록 격변화한다.

▸▹▸▹ 연습문제 11 ◃◂◃◂

4. 우리말로 번역하시오.

① Pānīyaṃ yācitvā rodanto dārako mañcamhā patati.

② Vatthāni labhituṃ icchanto vāṇijo āpaṇaṃ gacchati.

③ Upāsako padumāni ādāya vihāraṃ gacchamāno Buddhaṃ disvā pasīdati.

④ Sakuṇo tuṇḍena phalaṃ haranto rukkhasmā uppatati.

⑤ Cīvaraṃ pariyesantassa samaṇassa ācariyo cīvaraṃ dadāti.

⑥ Araññe āhiṇḍanto luddako dhāvantaṃ migaṃ passitvā sarena vijjhati.

⑦ Uyyāne āhiṇḍamānamhā kumāramhā brāhmaṇo padumāni yācati.

⑧ Rathena gacchamānehi amaccehi saha ācariyo hasati.

⑨ Dānaṃ dadāmānā sīlāni rakkhamānā manussā sagge uppajjanti.

⑩ Dhaññaṃ ākaṅkhantassa purisassa dhanaṃ dātuṃ vāṇijo icchati.

⑪ Goṇe hanantā rukkhe chindantā asappurisā dhanaṃ saṃharituṃ ussahanti.

⑫ Vihāraṃ upasaṅkamanto Buddho dhammaṃ bhāsamāne sāvake passati.

⑬ Rukkhamūle nisīditvā gītāni gāyantā kumārā naccituṃ ārabhanti.

⑭ Suvaṇṇaṃ labhituṃ ussahantā manussā pabbatasmiṃ āvāṭe khaṇanti.

⑮ Udakaṃ pātuṃ icchanto sīho udakaṃ pariyesamāno vanamhi carati.

⑯ Vetanaṃ labhituṃ ākaṅkhamāno naro rajakāya dussāni dhovati.

⑰ Samaṇehi bhāsantā upāsakā saccaṃ adhigantuṃ ussahanti.

⑱ Magge sayantaṃ sunakhaṃ udakena siñcitvā dārako hasati.

⑲ Sīlaṃ rakkhantā sappurisā manussalokā cavitvā devaloke uppajjanti.

⑳ Dhanaṃ saṃharituṃ ussahanto vāṇijo samuddaṃ taritvā dīpaṃ gantuṃ ārabhati.

㉑ Goṇe pariyesamāno vane āhiṇḍanto kassako sīhaṃ disvā bhāyati.

㉒ Rukkhesu nisīditvā phalāni bhuñjamānā kumārā gītaṃ gāyanti.

㉓ Cittaṃ pasīditvā dhammaṃ adhigantuṃ ussahantā narā sagge uppajjanti.

㉔ Tuṇḍena piṭakamhā macchaṃ ākaḍḍhituṃ icchanto kāko sunakhamhā bhāyati.

㉕ Khettaṃ kasitvā bījāni vapanto kassako dhaññaṃ labhituṃ ākaṅkhati.

㉖ Suriyassa ālokena locanehi rūpāni passantā manussā loke jīvanti.

㉗ Rukkhamūle nisīditvā cīvaraṃ sibbantena samaṇena saddhiṃ upāsako bhāsati.

㉘ Rukkhamūle sayantassa yācakassa kāye paṇṇāni patanti.

㉙ Vāṇijassa mūlaṃ datvā asse labhituṃ amacco ussahati.

㉚ Khīraṃ pivitvā hasamāno dārako pattaṃ mañcasmiṃ khipati.

5. 빨리어로 번역하시오.

① 옷들을 세탁하고 있는 사람이 길에서 가고 있는 소년과 함께 이야기한다.

② 바라문이 물을 마시기 위해 숲에서 나오고 있는 사슴을 본다.

③ 공원에서 염소들이 나무들에서 떨어지고 있는 잎들을 먹는다.
④ 나쁜 사람들이 사슴들을 죽이고 있는 사냥꾼들을 보기 원한다.
⑤ 농부가 밭에서 씨앗들을 먹고 있는 새들을 본다.
⑥ 도시로 들어가고 있는 사문들이 절에 머물고 있는 붓다를 예배하기 원한다.
⑦ 아이가 계단에 서서 나무에 앉아 있는 원숭이들을 본다.
⑧ 소년들이 물속에서 움직이고 있는 물고기들에게 밥을 준다.
⑨ 바다 건너기를 바라고 있는 선원이 왕에게서 돈을 요구한다.
⑩ 사람들이 바다에 떨어지고 있는 달의 빛을 눈들로 본다.
⑪ 우바새들이 절에 살고 있는 사문들에게 가사들을 보시하려고 시도한다.
⑫ 공덕을 바라고 있는 착한 사람들이 사문들에게 시물들을 주고 계들을 지킨다.
⑬ 사람이 숲의 나무들로부터 떨어지고 있는 잎들 위에서 어슬렁거린다.
⑭ 삼촌이 꽃들을 찾고 있는 아이에게 연꽃을 준다.
⑮ 어부가 거지에게 약간의 곡식을 주고서 집으로 들어간다.
⑯ 대신이 밭들을 갈고 있는 농부들에게 씨앗들을 준다.
⑰ 개가 자기 몸을 만지고 있는 남자의 손을 물려고 시도한다.
⑱ 붓다의 제자들이 길에서 울고 있는 아이에게 질문한다.
⑲ 삼촌의 친구가 나무뿌리 위에 앉고서 노래들을 부르고 있는 소년들을 부른다.
⑳ 착한 사람들이 집들로 다가오고 있는 사문들에게 밥을 보시한다.
㉑ 하늘에 태어나기를 바라고 있는 착한 사람들이 계를 지킨다.
㉒ 농부가 마을로 오고 있는 승냥이를 보고서 돌로 그를 때리려고 시도한다.
㉓ 진리를 말하고 있는 우바새들이 법을 이해하려고 시도한다.
㉔ 고행자가 물로 발우를 씻고서 마실 물을 찾는다.
㉕ 계들을 지키고 있는 현자들이 진리를 이해하기 시작한다.

LESSON 12 동사의 활용 : 현재시제, 능동태

1. 동사의 활용

현재시제(present tense), 능동태(active voice)

이제까지 현재시제, 능동태, 3인칭의 단수·복수만이 소개되었다. 이 Lesson에서는 그 활용을 모두 공부한다.

	단수		복수	
3인칭	(So) pacati	(그가) 요리한다	(Te) pacanti	(그들이) 요리한다.
2인칭	(Tvaṃ) pacasi	(네가) 요리한다	(Tumhe) pacatha	(너희가) 요리한다
1인칭	(Ahaṃ) pacāmi	(내가) 요리한다	(Mayaṃ) pacāma	(우리가) 요리한다

2. 문장 형성의 예

단 수

① So bhattaṃ pacati.
그가 밥을 짓는다.

② Tvaṃ bhattaṃ pacasi.
네가 밥을 짓는다.

③ Ahaṃ bhattaṃ pacāmi.
내가 밥을 짓는다.

복수

① Te bhattaṃ pacanti.
그들이 밥을 짓는다.

② Tumhe bhattaṃ pacatha.
너희가 밥을 짓는다.

③ Mayaṃ bhattaṃ pacāma.
우리가 밥을 짓는다.

▸▹▸▹ 연습문제 12 ◃◂◃◂

3. 우리말로 번역하시오.

① Tvaṃ mittehi saddhiṃ rathena āpaṇamhā bhaṇḍāni āharasi.
② Ahaṃ udakamhā padumāni āharitvā vāṇijassa dadāmi.
③ Tumhe samaṇānaṃ dātuṃ cīvarāni pariyesatha.
④ Mayaṃ sagge uppajjituṃ ākaṅkhamānā sīlāni rakkhāma.
⑤ Te dhammaṃ adhigantuṃ ussahantānaṃ samaṇānaṃ dānaṃ dadanti.
⑥ So araññamhi uppatante sakuṇe passituṃ pabbataṃ āruhati.
⑦ Mayaṃ sugatassa sāvake vandituṃ vihārasmiṃ sannipatāma.
⑧ Āgacchantaṃ tāpasaṃ disvā so bhattaṃ āharituṃ gehaṃ pavisati.
⑨ Ahaṃ udakaṃ oruyha brāhmaṇassa dussāni dhovāmi.
⑩ Tvaṃ gehassa dvāraṃ vivaritvā pānīyaṃ pattamhā ādaya pivasi.
⑪ Ahaṃ hiraññaṃ pariyesanto dīpamhi āvāṭe khaṇāmi.
⑫ Phalāni khādantā tumhe rukkhehi oruhatha.
⑬ Pāsāṇasmiṃ ṭhatvā tvaṃ candaṃ passituṃ ussahasi.

⑭ Mayaṃ manussalokamhā cavitvā sagge uppajjituṃ ākaṅkhāma.

⑮ Tumhe araññe vasante mige sarehi vijjhituṃ icchatha.

⑯ Mayaṃ uyyāne carantā sunakhehi saddhiṃ kīḷante dārake passāma.

⑰ Tvaṃ rukkhamūle nisīditvā ācariyassa dātuṃ vatthaṃ sibbasi.

⑱ Mayaṃ puññaṃ icchantā samaṇānaṃ dānaṃ dadāma.

⑲ Tumhe saccaṃ adhigantuṃ ārabhatha.

⑳ Tvaṃ gītaṃ gāyanto rodantaṃ dārakaṃ rakkhasi.

㉑ Mayaṃ hasantehi kumārehi saha uyyāne naccāma.

㉒ So pānīyaṃ pivitvā pattaṃ bhinditvā mātulamhā bhāyati.

㉓ Pāsādaṃ upasaṅkamantaṃ samaṇaṃ disvā bhūpālassa cittaṃ pasīdati.

㉔ Mayaṃ araññaṃ pavisitvā ajānaṃ paṇṇāni saṃharāma.

㉕ Khettaṃ rakkhanto so āvāṭe khaṇante varāhe disvā pāsāṇehi paharati.

4. 빨리어로 번역하시오.

① 내가 개의 몸을 만지고 있는 아이를 부른다.

② 우리가 절에 모이고 있는 사문들과 함께 이야기하면서 진리를 배우려고 시도한다.

③ 너희가 공원에 앉아서 친구들과 함께 과일들을 먹는다.

④ 너는 자리에 앉고서 우유를 마신다.

⑤ 우리가 숲으로 가고서 거닐고 있는 사슴들을 보기 위해 집에서 나온다.

⑥ 내가 법을 이해하기 원한다.

⑦ 우리가 산에 서고서 바다에 떨어지고 있는 달의 빛을 본다.

⑧ 내가 길로부터 농부의 수레를 끈다.

⑨ 너희가 자리들에 앉고, 내가 집에서 음료를 가져온다.

⑩ 우리가 씨앗들을 먹고 있는 새들을 보면서 밭에서 어슬렁거린다.

⑪ 내가 돼지들을 죽이고 있는 나쁜 사람을 훈계한다.

⑫ 네가 집으로 다가오고 있는 뱀을 보고서 두려워한다.

⑬ 내가 숲에서 나오고 있는 사람들에게서 질문들을 제기한다.

⑭ 우리가 울고 있는 아이를 보고서 길을 가는 의사를 부른다.

⑮ 내가 계들을 지키고 사문들에게 시물을 보시하고 아이들과 함께 집에 산다.

⑯ 악업들에서 두려워하고 있는 착한 사람들이 하늘에 태어난다.

⑰ 우리가 이익 얻기를 바라면서 도시로부터 상품들을 가져온다.

⑱ 우리가 나무뿌리 위에 서고서 꽃들에게 물을 뿌린다.

⑲ 내가 물로 그릇들을 씻고서 의사에게 준다.

⑳ 나는 진리를 추구하면서 집을 버리고서 절에 들어간다.

㉑ 너희가 사문들을 보기 원하면서 공원에 모인다.

㉒ 내가 까마귀의 부리에서 떨어지고 있는 과일을 본다.

㉓ 네가 바다를 건너고 나서 섬에서 말을 가져온다.

㉔ 내가 시장에서 등(燈)을 가져오기 위해 집에서 나온다.

㉕ 내가 바구니를 갖고서 곡식을 모으기 위해 밭으로 간다.

LESSON 13 동사의 활용 : 현재시제, 능동태(계속됨)

1. 동사의 활용

현재시재(present tense), 능동태(active voice)(계속됨)

-e로 끝나는 어간의 동사들은 이제까지 배운 것과는 다소 다르게 활용된다. 이들은 coreti와 corayati에서 보듯이, -e로 끝나는 동사의 어간과 -aya로 끝나는 동사의 어간과 같은 두 가지 동사 어간들을 가질 수 있다.

어간 core = 훔치다

	단수		복수	
3인칭	(So) coreti	(그가) 훔친다	(Te) corenti	(그들이) 훔친다
2인칭	(Tvaṃ) coresi	(네가) 훔친다	(Tumhe) coretha	(너희가) 훔친다
1인칭	(Ahaṃ) coremi	(내가) 훔친다	(Mayaṃ) corema	(우리가) 훔친다

어간 coraya = 훔치다

	단수		복수	
3인칭	(So) corayati	(그가) 훔친다	(Te) corayanti	(그들이) 훔친다
2인칭	(Tvaṃ) corayasi	(네가) 훔친다	(Tumhe) corayatha	(너희가) 훔친다
1인칭	(Ahaṃ) corayāmi	(내가) 훔친다	(Mayaṃ) corayāma	(우리가) 훔친다

2. 유사하게 활용되는 동사들은 다음과 같다.

deseti 가르치다, 교시하다, 설하다	manteti 토론하다, 상담하다, 조언하다
cinteti 생각하다	āmanteti ① 부르다, 호칭하다, ② 상담하다
pūjeti ① 공양하다, ② 예배하다, 공경하다	nimanteti 초대하다, 초청하다

pūreti 채우다 pīḷeti 괴롭히다, 핍박하다 katheti 말하다, 이야기하다 uḍḍeti 날다 udeti 오르다, (해나 달이) 뜨다, 떠오르다, 일어나다 ropeti 심다, 배양하다 āneti 가져오다, 데려오다, 끌고 오다 ṭhapeti 놓다, 두다 pāteti 떨어뜨리다 pāleti 보호하다, 지키다, 수호하다	oloketi 보다 jāleti (등을) 켜다, (불을) 붙이다 chādeti 덮다, 감추다 māreti 죽이다. neti 이끌다, 가져가다, 안내하다, 인도하다, 지도하다 parivajjeti 피하다, 멀리하다 obhāseti 빛나게 하다, 밝게 하다 deti, dadāti 주다, 보시하다

3. 상기 동사들의 어간에 -e가 유지되면서 연속체와 부정사가 만들어 진다.

① 연속체 ⇒ desetvā, cintetvā, pūjetvā, pūretvā 등.

② 부정사 ⇒ desetuṃ, cintetuṃ, pūjetuṃ, pūretuṃ 등.

4. -nā로 끝나는 어간의 동사들은 다음과 같이 격변화한다.

어간 kiṇā = 사다

	단수		복수	
3인칭	(So) kiṇāti	(그가) 산다	(Te) kiṇānti	(그들이) 산다
2인칭	(Tvaṃ) kiṇāsi	(네가) 산다	(Tumhe) kiṇātha	(너희가) 산다
1인칭	(Ahaṃ) kiṇāmi	(내가) 산다	(Mayaṃ) kiṇāma	(우리가) 산다

5. 유사하게 격변화하는 동사들은 다음과 같다.

vikkiṇāti 팔다	jānāti 알다
suṇāti 듣다	jināti 이기다, 승리하다, 정복하다
mināti 측정하다, 재다	pāpuṇāti, pappoti ① 얻다, 획득하다, ② 도달하다
gaṇhāti 가지다, 취하다, 잡다	ocināti 따다, 모으다
uggaṇhāti ① 집어 올리다, ② 배우다	pahiṇāti 보내다, 파견하다

현재형 동사의 어미는 변하지 않고 유지된다는 점을 주의해야 한다. 오직 접미사(vikaraṇa) 또는 어근과 어미 사이의 격변화 표시만이 어미변화를 나타낸다.

6. 다음 형식들에 주의해야 한다.

	현재형, 3인칭, 단수	연속체 / 절대사	부정사
1	jānāti	ñatvā, jānitvā	ñātuṃ
2	suṇāti	sutvā, suṇitvā	sotuṃ, suṇituṃ
3	pāpuṇāti, pappoti	patvā, pāpuṇitvā	pāpuṇituṃ, pappotuṃ
4	gaṇhāti	gahetvā, gaṇhitvā	gahetuṃ, gaṇhituṃ

7. 빨리어에서 bhavati, hoti(~이다)와 karoti(~하다)는 자주 등장한다. 이들의 연속체와 부정사는 다음과 같다.

	현재형, 3인칭, 단수	연속체 / 절대사	부정사
1	bhavati, hoti	bhavitvā, hutvā	bhavituṃ, hotuṃ
2	karoti	katvā	kātuṃ

as라는 동사 어근에서 파생된 동사 atthi(~이다)와 kṛ라는 동사 어근에서 파생된 karoti(~하다)는 빈번하게 등장하는 특수 동사이다. 이들은 다음과 같이 격변화한다.

	단수		복수	
3인칭	atthi	그가 있다, 그가 ~이다	santi	그들이 있다, 그들이 ~이다
2인칭	asi	네가 있다, 네가 ~이다	attha	너희가 있다, 너희가 ~이다
1인칭	asmi, amhi	내가 있다, 내가 ~이다	asthma, amha	우리가 있다, 우리가 ~이다
3인칭	karoti	그가 한다	karonti	그들이 한다
2인칭	karosi	네가 한다	karotha	너희가 한다
1인칭	karomi	내가 한다	karoma	우리가 한다

▸▹▸▹ 연습문제 13 ◃◂◃◂

8. 우리말로 번역하시오.

① Buddho vihārasmiṃ sannipatantānaṃ manussānaṃ dhammaṃ deseti.

② Buddhassa pūjetuṃ cintento upāsako pupphāni ocināti.

③ Te patte udakena pūrentā gītaṃ gāyanti.

④ Tumhe araññe vasante mige pīḷetvā asappurisā hotha.

⑤ Mayaṃ āpaṇaṃ gantvā vāṇijehi saddhiṃ kathetvā dhaññaṃ vikkiṇāma.

⑥ Tvaṃ uḍḍentaṃ sukaṃ disvā gaṇhituṃ icchasi.

⑦ Pabbatamhā udentaṃ candaṃ passituṃ kumāro gharamhā dhāvati.

⑧ Ahaṃ kassakehi saha khettasmiṃ rukkhe ropemi.

⑨ Mayaṃ amaccehi saha mantentā pāsādasmiṃ āsanesu nisīdāma.

⑩ Tumhe Tathāgatassa sāvake nimantetvā dānaṃ detha.

⑪ Upāsakā vihāraṃ gantvā dīpe jāletvā dhammaṃ sotuṃ nisīdanti.

⑫ Luddako sīsaṃ[13] dussena chādetvā nisīditvā sakuṇe maretuṃ ussahati.

⑬ So vane āhiṇḍante goṇe gāmaṃ ānetvā vāṇijānaṃ vikkiṇāti.

⑭ Tvaṃ āpaṇehi bhaṇḍāni kiṇitvā sakaṭena ānetvā gehe ṭhapesi.

⑮ Tumhe kakacehi rukkhe chinditvā pabbatamhā pātetha.

⑯ Dhammena manusse pālentā bhūpālā akusalaṃ parivajjenti.

⑰ Saccaṃ ñātuṃ icchanto ahaṃ samaṇehi pañhc pucchāmi.

⑱ Dānaṃ datvā sīlaṃ rakkhantā sappurisā saggalokaṃ pāpuṇanti.

⑲ Dhaññaṃ minanto kassako āpaṇaṃ netvā dhaññaṃ vikkiṇituṃ cinteti.

⑳ Ahaṃ pattena pānīyaṃ pivanto dvārasmiṃ ṭhatvā maggaṃ olokemi.

㉑ So āpaṇamhā khīraṃ kiṇituṃ puttaṃ pahiṇāti.

㉒ Mayaṃ dhammaṃ uggaṇhituṃ ussahantā paṇḍitena saha mantema.

㉓ Corehi saddhiṃ gehe bhinditvā manusse pīḷentā tumhe asappurisā hotha.

㉔ Ahaṃ suvaṇṇaṃ pariyesamāne dīpamhā āgacchante vāṇije jānāmi.

㉕ Ahaṃ ācariyo homi, tvaṃ vejjo hosi.

㉖ Tvaṃ asappurisa, Buddhena desentaṃ dhammaṃ sutvā sappuriso bhavituṃ ussahasi.

㉗ Ahaṃ paṇḍitehi saddhiṃ mantento dhammena dīpaṃ pālento bhūpālo asmi.

㉘ Varāhe mārentā corā kassake pīḷentā pākammāni karonti.

㉙ Sīlaṃ rakkhantā puññakammāni karontā manussā saggaṃ pappotuṃ ākaṅkhanti.

㉚ Akusalaṃ pahāya pāpaṃ parivajjetvā viharantā narā sappurisā bhavanti.

---

13 sīsaṃ : sīsa의 단수, 대격, '머리를'

9. 빨리어로 번역하시오.

① 네가 나무들에서 과일들을 따고서 시장에 보낸다.

② 내가 법을 설하고 있는 붓다를 듣고서 기뻐한다.

③ 내가 곡식 모으기를 생각하면서 농부와 함께 밭으로 간다.

④ 너희가 노래들을 부르면서 허공에서 날고 있는 새들을 본다.

⑤ 내가 마을에서 농부들을 괴롭히고 있는 나쁜 사람을 훈계한다.

⑥ 우리가 나무들을 심기 위해 공원에서 구덩이들을 판다.

⑦ 우리가 절에서 등들을 켜고 있는 사람을 안다.

⑧ 너희가 섬에 도달하기 위해 선원들과 함께 바다를 건넌다.

⑨ 섬을 보호하고 있는 왕이 승리한다.

⑩ 우리가 마을에 살고 있는 사문들로부터 법을 배우기 시작한다.

⑪ 진리를 찾고 있는 현자가 도시에서 도시로 간다.

⑫ 발로 자고 있는 개를 피하고서 아이가 집으로 달린다.

⑬ 하늘에 태어나기를 바라고 있는 현자들이 악을 행하기를 두려워한다.

⑭ 인간 세계에서 떠나고서 나쁜 사람들이 지옥에 태어난다.

⑮ 산에서 고행자를 초대하고서 왕이 가사를 보시한다.

⑯ 진리를 이해하기 시도하고 있는 우바새들이 사문들이 된다.

⑰ 법을 설하고 있는 사문들을 듣기 바라면서 우바새들이 절에 모인다.

⑱ 우리가 눈들로 보고 귀들로 듣고 몸들로 접촉한다.

⑲ 내가 섬들을 보호하고 있는 왕이다.

⑳ 너희가 도둑들과 함께 토론하고 있는 나쁜 사람들이다.

㉑ 착한 사람들이 세상을 보호하기 위해 나무들을 심기 시작한다.

㉒ 도둑은 법을 듣고서 악을 피하기 원한다.

㉓ 상인들이 마을들에서 오고 있는 농부들에게 팔기 위해 상점들에 옷들을 보관한다.

㉔ 병든 사람이 인간 세계에서 신들의 전령이다.

㉕ 나쁜 사람들을 훈계하고 있는 착한 사람들이 세상에 거주한다.

㉖ 물에서 연꽃들을 따고서 의사가 법을 듣기 위해 절로 간다.

㉗ 도둑이 붓다를 보고서 기뻐하고서 화살들을 방치한다.

㉘ 나는 불선을 피하기 바라면서 계를 지킨다.

㉙ 우리가 절에서 오고 있는 사문들에게 시물을 보시하기 위해 밥을 짓는다.

㉚ 너희가 상인들과 함께 황금을 찾으면서 섬에서 섬으로 간다.

14 미래시제

1. 미래시제(present tense)

미래시제 또는 미래형은 연결 모음인 -i-를 가지거나 때로는 가지지 않고서 동사의 어근이나 어간 뒤에 -ssa가 붙어서 만들어진다. 미래형의 어미는 현재형의 어미와 같다.

어간 paca = 요리하다

	단수		복수	
3인칭	(So) pacissati	그가 요리할 것이다	(Te) pacissanti	그들이 요리할 것이다
2인칭	(Tvaṃ) pacissasi	네가 요리할 것이다	(Tumhe) pacissatha	너희가 요리할 것이다
1인칭	(Ahaṃ) pacissāmi	내가 요리할 것이다	(Mayaṃ) pacissāma	우리가 요리할 것이다

어간 core = 훔치다

	단수		복수	
3인칭	(So) coressati	그가 훔칠 것이다	(Te) coressanti	그들이 훔칠 것이다
2인칭	(Tvaṃ) coressasi	네가 훔칠 것이다	(Tumhe) coressatha	너희가 훔칠 것이다
1인칭	(Ahaṃ) coressāmi	내가 훔칠 것이다	(Mayaṃ) coressāma	우리가 훔칠 것이다

어간 kiṇā = 사다

	단수		복수	
3인칭	(So) kiṇissati	그가 살 것이다	(Te) kiṇissanti	그들이 살 것이다
2인칭	(Tvaṃ) kiṇissasi	네가 살 것이다	(Tumhe) kiṇissatha	너희가 살 것이다
1인칭	(Ahaṃ) kiṇissāmi	내가 살 것이다	(Mayaṃ) kiṇissāma	우리가 살 것이다

2. 다음 형식들에 주의해야 한다.

	현재형, 3인칭, 단수		미래형, 3인칭, 단수	
1	gacchati	가다	gamissati	갈 것이다
2	āgacchati	오다	āgamissati	올 것이다
3	dadāti	주다	dadissati, dassati	줄 것이다
4	tiṭṭhati	서다	ṭhassati	설 것이다
5	karoti	하다	karissati	할 것이다

▸▹▸▹ 연습문제 14 ◃◂◃◂

3. 우리말로 번역하시오.

① So pabbatamhā udentaṃ candaṃ passituṃ pāsādaṃ āruhissati.

② Bhūpālo corehi dīpaṃ rakkhituṃ amaccehi saha mantessati.

③ Ahaṃ samuddaṃ taritvā dīpaṃ pāpuṇitvā bhaṇḍāni vikkiṇissāmi.

④ Tumhe vihāraṃ upasaṅkamantā magge pupphāni vikkiṇante manusse passissatha.

⑤ Udakaṃ otaritvā vatthāni dhovanto kassako nahāyitvā gehaṃ āgamissati.

⑥ Gāme viharanto tvaṃ nagaraṃ gantvā rathaṃ ānessasi.

⑦ Puññaṃ kātuṃ icchantā tumhe sappurisā pāpamitte ovadissatha.

⑧ Dhammaṃ sotuṃ uyyāne nisīdantānaṃ upāsakānaṃ ahaṃ pānīyaṃ dassāmi.

⑨ Mayaṃ bhūpālā dhammena dīpe pālessāma.

⑩ Rukkhaṃ pātetvā phalāni khādituṃ icchantaṃ asappurisaṃ ahaṃ akkosāmi.

⑪ Dānaṃ dadamānā sīlaṃ rakkhantā mayaṃ samaṇehi dhammaṃ uggaṇhissāma.

⑫ Dhāvantamhā sakaṭamhā patantaṃ dārakaṃ disvā tvaṃ vejjaṃ ānesi.

⑬ Saccaṃ adhigantuṃ ussahanto tāpaso Tathāgataṃ passituṃ ākaṅkhati.

⑭ Buddhe pasīditvā upāsako devaputto hutvā saggaloke uppajjati.

⑮ Udentaṃ suriyaṃ disvā brāhmaṇo gehā nikkhamma vandati.

⑯ Dīpaṃ pappotuṃ ākhaṅkhamānā mayaṃ samuddaṃ tarituṃ nāvikaṃ pariyesāma.

⑰ Amaccassa dūtaṃ pahiṇituṃ icchanto bhūpālo ahaṃ asmi.

⑱ Puññakammāni karontānaṃ vāṇijānaṃ dhanaṃ atthi.

⑲ Mayaṃ gītāni gāyante naccante kumāre olokessāma.

⑳ Pāpaṃ parivajjetvā kusalaṃ karonte sappurise devā pūjessanti.

㉑ Saccaṃ bhāsantā asappurise anusāsantā paṇḍitā upāsakā bhavissanti.

㉒ Tvaṃ dhaññena pattaṃ pūretvā ācariyassa dassasi.

㉓ Rukkhamūle nisīditvā cīvaraṃ sibbantaṃ samaṇaṃ ahaṃ upasaṅkamissāmi.

㉔ Ahaṃ sayantassa puttassa kāyaṃ āmasanto mañcasmiṃ nisīdāmi.

㉕ Uyyānesu rukkhe ropetuṃ samaṇā manusse anusāsanti.

4. 빨리어로 번역하시오.

① 내가 붓다로부터 법을 배우고서 세상에서 법대로(정의롭게) 살 것이다.

② 내가 대신들과 함께 법대로(정의롭게) 섬을 통치하도록 왕을 훈계할 것이다.

③ 아이가 자리에 옷을 놓고서 목욕하기 위해 물로 내려갈 것이다.

④ 너희가 법을 듣고서 여래를 즐거워할 것이다.

⑤ 과일들을 수집하면서 숲에서 걷고 있는 그들이 음료를 마시고자 할 것이다.

⑥ 도시로 다가가고 있는 농부들이 길에서 달리고 있는 마차들을 볼 것이다.

⑦ 떠오르고 있는 태양이 세상을 비출 것이다.

⑧ 공원에 있는 나무들이 달의 빛으로 목욕할 것이다.

⑨ 너희가 현자에게서 질문들을 제기하고 있는 아들들을 보고서 기뻐할 것이다.

⑩ 아이들이 나무들 위에서 과일들을 먹고 있는 앵무새들을 보고자 할 것이다.

⑪ 우리는 섬으로부터 오고 있는 의사들이고, 너희는 섬으로 가고 있는 스승들이다.

⑫ 그가 돈을 갖고서 상품들을 사기 위해 상점으로 갈 것이다.

⑬ 아이가 음료로 그릇을 채우고서 밥을 먹고 있는 거지에게 줄 것이다.

⑭ 공덕을 얻기 바라고 있는 사람들이 세상의 사람들을 위해 나무들을 심을 것이다.

⑮ 재산을 추구하고 있는 나쁜 사람들이 마을들에서 법대로(정의롭게) 살고 있는 농부들을 괴롭힐 것이다.

⑯ 산들에 있는 나무들 위에 과일들이 있다.

⑰ 선업들을 행하고 있는 착한 사람들이 사문들로부터 법을 배울 것이다.

⑱ 현자들이 섬들을 보호하고 있는 왕들을 훈계할 것이다.

⑲ 너희가 바다로부터 오고 있는 어부들로부터 물고기들을 살 것이다.

⑳ 우리가 법을 배우기 원하면서 붓다에게 다가간다.

㉑ 아이들이 공원으로 오고 있는 승냥이를 보고서 두려워할 것이다.

㉒ 그들이 대신들과 함께 마을로 오고 있는 왕을 보기 위해 갈 것이다.

㉓ 네가 법대로(정의롭게) 살고 있는 착한 사람이다.

㉔ 내가 부리로 과일을 따고 있는 앵무새를 본다.

㉕ 우리가 계를 지키고 있는 착한 사람들이 될 것이다.

15 원망형 또는 가능법

1. 원망형(optative) 또는 가능법(potential mood)

원망형은 주로 '만약(if)', '어쩌면(might)', '아마도(would)' 등과 같은 말들이 뜻하는 가능성, 충고, 생각들을 표현한다. 어미 앞의 동사 어간에 -eyya가 붙어서 만들어진다.

어간 paca = 요리하다

	단수		복수	
3인칭	(So) paceyya	그가 요리한다면	(Te) paceyyuṃ	그들이 요리한다면
2인칭	(Tvaṃ) paceyyāsi	네가 요리한다면	(Tumhe) paceyyātha	너희가 요리한다면
1인칭	(Ahaṃ) paceyyāmi	내가 요리한다면	(Mayaṃ) paceyyāma	우리가 요리한다면

원망형의 2인칭과 1인칭의 어미들은 현재시제의 2인칭과 1인칭의 어미들과 유사하다는 점을 주의해야 한다.

2. 다음 불변화사(indeclinable)들[14]은 원망형 문장들을 만드는 데 유용하다.

sace, yadi 만약~면	na 없다, 아니다
ca ~과(와), 그리고	viya ~같이, ~처럼
pi ~도, 역시, 또한	

14 불변화사(indeclinable)는 빨리어로 니빠따(nipāta)라고 한다. 이는 어떠한 어미변화도 하지 않고 그대로 문장에서 쓰이는 문장 성분이다. 빨리어는 많은 불변화사를 가지고 있다. 예를 들면, ca, ce, na, no, nūna, vā, mā, eva, have, atha, atha kho, pana, kira, iti 등이 있다.

3. 문장 형성의 예

단수

① Sace so bhattaṃ paceyya, ahaṃ bhuñjeyyāmi.
만약 그가 밥을 짓는다면 나는 먹을 것이다.

② Sace tvaṃ iccheyyāsi, ahaṃ coraṃ puccheyyāmi.
만약 네가 원한다면 나는 도둑에게 물을 것이다.

③ Yadi ahaṃ nagare vihareyyāmi, so pi nagaraṃ āgaccheyya.
만약 내가 도시에 거주한다면 그도 도시에 올 것이다.

복수

① Sace te bhattaṃ paceyyuṃ, mayaṃ bhuñjeyyāma.
만약 그들이 밥을 짓는다면 우리가 먹을 것이다.

② Sace tumhe iccheyyātha, mayaṃ core puccheyyāma.
만약 너희가 원한다면 우리가 도둑들에게 물을 것이다.

③ Yadi mayaṃ nagare vihareyyāma, te pi nagaraṃ āgaccheyyuṃ.
만약 우리가 도시에 거주한다면 그들도 도시로 올 것이다.

▸▹▸▹ 연습문제 15 ◃◂◃◂

4. 우리말로 번역하시오.

① Sace tvaṃ dhammaṃ suṇeyyāsi, addhā[15] tvaṃ Buddhassa sāvako bhaveyyāsi.

---

15 addhā : 참으로, 확실히

② Yadi te gītanī gāyituṃ uggaṇheyyuṃ, ahaṃ pi uggaṇheyyāmi.

③ Sace tvaṃ bījāni pahiṇeyyāsi, kassako tāni[16] khette vapeyya.

④ Sace tumhe padumāni ocineyyātha, kumārā tāni Buddhassa pūjeyyuṃ.

⑤ Sace tvaṃ mūlaṃ gaṇheyyāsi, ahaṃ dussaṃ ādadeyyāmi.

⑥ Yadi mayaṃ bhūpālena saha manteyyāma, amaccā na āgaccheyyuṃ.

⑦ Sace tumhe rukkhe ropeyyātha, dārakā phalāni bhuñjeyyuṃ.

⑧ Sace mayaṃ sappurisā bhaveyyāma, puttā pi sappurisā bhaveyyuṃ.

⑨ Sace bhūpālā dhammena dīpe pāleyyuṃ, mayaṃ bhūpālesu pasīdeyyāma.

⑩ Sace kassako goṇaṃ vikkiṇeyya, vāṇijo taṃ kiṇeyya.

⑪ Sace manusse pīḷentā asappurisā gāmaṃ āgaccheyyuṃ, ahaṃ te ovadeyyāmi.

⑫ Yadi amaccā pāpaṃ parivajeyyuṃ, manussā pāpaṃ na kareyyuṃ.

⑬ Sace tumhe pabbataṃ āruheyyātha, āhiṇḍante mige ca rukkhesu carante makkaṭe ca uḍḍente sakuṇe ca passeyyātha.

⑭ Sace tvaṃ pattena pānīyaṃ āneyyāsi, pipāsito[17] so piveyya.

⑮ Kusalakammāni katvā tumhe manussaloke uppajituṃ ussaheyyātha.

⑯ Sace so vejjo bhaveyya, ahaṃ taṃ (him)[18] rodantaṃ dārakaṃ passituṃ āneyyāmi.

⑰ Yadi putto pāpaṃ kareyya, ahaṃ taṃ[19] ovadeyyāmi.

⑱ Sace amacco paṇḍitaṃ ācariyaṃ āneyya, mayaṃ dhammaṃ uggaṇheyyāma.

⑲ Sace ahaṃ hatthena suvaṃ phusituṃ ussaheyyāmi, so gehā uppateyya.

⑳ Yadi so vejjaṃ pakkosituṃ iccheyya, ahaṃ taṃ āneyyāmi.

---

16 tāni : ta의 복수, 대격, '그것들을'
17 pipāsito : pipāsita의 단수, 주격, '목마른'
18 taṃ : ta의 단수, 대격, '그를'
19 taṃ : ta의 단수, 대격, '그를'

5. 빨리어로 번역하시오.

① 만약 네가 아들들의 악행들을 덮는다면 그들은 도둑들이 될 것이다.
② 만약 너희가 착한 사람이 되고자 한다면 악을 피해라.
③ 만약 우리가 눈들로 본다면 세계의 형상들을 볼 것이며, 만약 우리가 마음들로 본다면 공덕과 악을 볼 것이다.
④ 만약 네가 노래를 부르기 시작한다면 아이들은 춤추기 시작할 것이다.
⑤ 만약 우리가 인간 세계로부터 떠난다면 인간 세계에 태어나는 것을 두려워하지 않을 것이다.
⑥ 만약 신들이 인간 세계에 태어난다면 공덕 있는 행위들을 지을 것이다.
⑦ 만약 너희가 진리를 찾는다면 절에 거주하고 있는 붓다에게 다가갈 것이다.
⑧ 만약 네가 상인을 훈계한다면 그는 착한 사람이 될 것이다.
⑨ 만약 내가 사문을 초청한다면 그는 법을 설하기 위해 집으로 올 것이다.
⑩ 만약 네가 착한 사람이라면 숲에서 서성이고 있는 소들을 죽이지 않을 것이다.
⑪ 만약 너희가 밭에서 일한다면 재산과 곡식을 얻을 것이다.
⑫ 만약 왕이 법대로(정의롭게) 섬을 보호하기 원한다면 현자들과 대신들과 함께 논의할 것이다.
⑬ 만약 네가 밭에서 일한다면 경작하고 있는 농부들을 보게 될 것이다.
⑭ 내가 공원에서 원숭이와 함께 놀고 있는 소년들을 본다.
⑮ 만약 그들이 노래하고 있는 새들을 보고자 한다면 공원으로 갈 것이다.
⑯ 만약 너희가 법을 듣는다면 법대로(정의롭게) 사는 것이 가능할 것이다.
⑰ 만약 네가 나쁜 친구들을 피한다면 착한 사람이 될 것이다.
⑱ 만약 대신이 착한 사람이 아니라면 우리는 그에게 다가가지 않을 것이다.
⑲ 만약 나무 위에 과일들이 있다면 내가 그것들을 따기 위해 나무를 올라갈 것이다.
⑳ 만약 내가 과일들을 딴다면 너희가 친구들과 함께 먹을 것이다.

16 명령형

1. 명령형(imperative)

명령형은 명령, 축복, 기원, 탄원을 나타낸다.

어간 paca = 요리하다

	단수		복수	
3인칭	(So) pacatu	(그가) 요리하게 해라	(Te) pacantu	(그들이) 요리하게 해라
2인칭	(Tvaṃ) paca, pacāhi	(네가) 요리해라	(Tumhe) pacatha	(너희가) 요리해라
1인칭	(Ahaṃ) pacāmi	(내가) 요리하리라	(Mayaṃ) pacāma	(우리가) 요리하리라

2인칭의 복수형과 1인칭의 단・복수형은 현재시제와 똑같은 형태를 취한다는 점을 주의해야 한다.[20]

금지를 나타내는 불변화사인 mā도 명령형과 함께 쓰인다.

2. 문장 형성의 예

단수

① So vāṇijānaṃ bhattaṃ pacatu.

그가 상인들을 위해 밥을 짓게 해라.

20 2인칭의 단수형은 보통 어간이 변하지 않으나, 때때로 접미사 -hi가 붙기도 한다. 이 경우에는 어간 모음 a가 장음인 ā로 바뀐다.

② Tvaṃ rathena nagaraṃ gaccha (gacchāhi).

너는 마차를 타고 도시로 가라.

③ Ahaṃ dhammaṃ uggaṇhāmi.

내가 법을 배우리라.

복수

① Te vāṇijānaṃ bhattaṃ pacantu.

그들이 상인들을 위해 밥을 짓게 해라.

② Tumhe rathena nagaraṃ gacchatha.

너희가 마차를 타고 도시로 가라.

③ Mayaṃ dhammaṃ uggaṇhāma.

우리가 법을 배우리라.

금지를 나타내는 불변화사인 mā

① Mā tumhe saccaṃ parivajjetha.

너희는 진리를 피하지 말라.

② Mā te uyyānamhi pupphāni ocinantu.

그들이 공원에서 꽃들을 따지 않게 해라.

▸▹▸▹ 연습문제 16 ◃◂◃◂

3. 우리말로 번역하시오.

① Bhūpālā dhammena dīpaṃ pālentu.

② Mā manusso bhāyatu, sace so saccaṃ jānāti, bhāsatu.

③ Tumhe pāpaṃ karonte putte ovadatha.

④ Sugato dhammaṃ desetu, sāvakā ca upāsakā ca vihārasmiṃ nisīdanti.

⑤ Mā te pāpakammāni katvā manussalokamhā cavitvā narake[21] uppajjantu.

⑥ Mā corā kassakānaṃ goṇe mārentu.

⑦ Mā tvaṃ sunakhaṃ āmasāhi, so taṃ[22] ḍaseyya.

⑧ Tumhe dīpe jāletvā vihārasmiṃ rūpāni oloketha.

⑨ Tumhe asappurise āmantetvā dhammena jīvituṃ anusāsatha.

⑩ Putta, mā tvaṃ pāpamitte upasaṅkama.

⑪ Sace tumhe saccam bhāsituṃ ussaheyyātha, tumhe sappurisā bhaveyyātha.

⑫ Sace tvaṃ pāsāṇe khipeyyāsi, kākā ca sakuṇā ca ākāsaṃ uppateyyuṃ.

⑬ Mā dāraka pānīyaṃ pivitvā pattaṃ bhinda.

⑭ Mā suvaṇṇaṃ coretvā gacchantā corā samuddaṃ tarantu.

⑮ Upāsaka, mā putte akkosāhi, samaṇehi saddhiṃ mantetvā putte anusāsāhi.

4. 빨리어로 번역하시오.

① 섬을 보호하고 있는 왕이 법대로(정의롭게) 사람들을 보호하소서!

② 공원에서 놀고 있는 아이들이 떨어지고 있는 잎들을 모으게 해라.

③ 농부들과 상인들이 왕의 공원에 모이게 해라.

④ 아들들이 사자들과 사슴들과 새들을 보기 위해 산에 오르게 해라.

⑤ 만약 너희가 사슴들을 보호하기 원한다면 숲들에 있는 나무들을 베지 마라.

⑥ 아이가 계단에서 내려오지 않게 해라. 그는 떨어질 것이다.

⑦ 농부가 밭들에서 경작하고서 씨앗들을 뿌리게 해라. 그가 염소들을

---

21 narake : naraka의 단수, 처격, '지옥에'

22 taṃ : tumha의 단수, 대격, '너를'

죽이지 않게 해라.

⑧ 앵무새들이 부리들로 과일들을 갖고서 날게 해라.

⑨ 아들들이여, 너희는 악을 행하지 마라. 법대로(정의롭게) 살아라.

⑩ 붓다의 제자들이 시물들과 가사들을 얻기를!

⑪ 아이들이 집에서 나오고서 산에서 떠오르고 있는 달을 보게 해라.

⑫ 소년들이여, 너희는 사냥꾼과 함께 가고서 숲에 있는 사슴들을 죽이지 마라.

⑬ 너희가 집으로 달려가고서 밭을 갈고 있는 농부들을 위해 음료를 가져와라.

⑭ 왕의 전령에게서 질문들을 제기하지 마라.

⑮ 너희 우바새들은 불선을 피하고서 선업들을 짓도록 시도해라.

17 과거시제

1. 과거시제(past tense)[23]

-a로 끝나는 어간을 지닌 동사들의 활용

어간 paca = 요리하다

	단수		복수	
3인칭	(So) apaci, paci	그가 요리했다	(Te) apaciṃsu, paciṃsu	그들이 요리했다
2인칭	(Tvaṃ) apaci, paci	네가 요리했다	(Tumhe) apacittha, pacittha	너희가 요리했다
1인칭	(Ahaṃ) apaciṃ, paciṃ	내가 요리했다	(Mayaṃ) apacimha, pacimha	우리가 요리했다

apaci, apaciṃsu 등의 a-는 부정 접두사가 아니라는 점을 주의해야 한다. 그것은 과거시제를 나타내는 선택적인 부가 모음일 뿐이다. 이를 '오그먼트(augment)'[24]라고 한다.

-nā로 끝나는 어간을 지닌 동사들도 과거시제는 상기와 같이 활용된다.

23 엄밀히 말하면, 빨리어의 과거시제는 '완료시제(perfect tense)', '단순과거(imperfect tense)', '아오리스트(aorist)'의 세 가지로 구분된다. (빨리어로는 각각 parokkhā, hīyattanī, ajjatanī라고 한다.) 완료시제의 경우 먼 과거나 말하는 사람이 직접 보지 못한 사실을 언급할 때 사용되고, 단순과거는 과거의 사실 가운데 시간적으로 이미 지난 오늘 이전의 것을 언급할 때 사용되며, 아오리스트는 아무런 제약 없이 모든 과거의 사실을 언급할 때 사용된다. 하지만 이러한 구별은 오래전에 사라졌고 지금은 아오리스트가 가장 보편적인 과거시제로써 널리 사용된다.

24 오그먼트(augment)는 그리스어 등의 인도·유럽어에서 과거형 첨가음이나 접두모음자를 가리키는 언어학 용어이다. 빨리어의 경우 일부 과거시제와 조건법에서 사용된다.

–e로 끝나는 어간을 지닌 동사들의 활용

어간 core = 훔치다

	단수		복수	
3인칭	(So) coresi, corayi	그가 훔쳤다	(Te) coresuṃ, corayiṃsu	그들이 훔쳤다
2인칭	(Tvaṃ) coresi	네가 훔쳤다	(Tumhe) corayittha	너희가 훔쳤다
1인칭	(Ahaṃ) coresiṃ, corayiṃ	내가 훔쳤다	(Mayaṃ) corayimha	우리가 훔쳤다

2. 문장 형성의 예

단 수

① Bhūpālo dīpe cari (acari).
왕이 섬에서 거닐었다.

Samaṇo dhammaṃ desesi.
사문이 법을 설했다.

② Tvaṃ bhaṇḍāni vikkiṇi.
네가 상품들을 팔았다.

Tvaṃ pupphāni pūjesi.
네가 꽃들을 공양했다.

③ Ahaṃ pabbataṃ āruhiṃ.
내가 산에 올랐다.

Ahaṃ dīpaṃ jālesiṃ (jālayiṃ).
내가 등을 켰다.

복수

① Bhūpālā dīpesu cariṃsu (acariṃsu).
왕들이 섬들에서 거닐었다.

Samaṇā dhammaṃ desesuṃ (desayiṃsu).
사문들이 법을 설했다.

② Tumhe bhaṇḍāni vikkiṇittha.
너희가 상품들을 팔았다.

Tumhe pupphāni pūjayittha.
너희가 꽃들을 공양했다.

③ Mayaṃ pabbate āruhimha.
우리가 산들에 올랐다.

Mayaṃ dīpe jālayimha.
우리가 등들을 켰다.

▸▹▸▹ **연습문제 17** ◃◂◃◂

3. 우리말로 번역하시오.

① Kassako khettaṃ kasitvā nahāyituṃ udakaṃ otari.

② Uggaṇhantānaṃ dārakānaṃ dātuṃ ācariyā kusumāni āhariṃsu.

③ Upāsakā āsanehi uṭṭhahitvā dhammaṃ desetuṃ upasaṅkamantaṃ samaṇaṃ vandiṃsu.

④ Nagaresu kammāni katvā vetane labhituṃ ākaṅkhamānā narā gāmehi nikkhamiṃsu.

⑤ Ācariyo āsanaṃ dussena chādetvā samaṇaṃ nisīdituṃ nimantesi.

⑥ Kumāro dvāraṃ vivaritvā rukkhamhā oruhante vānare passamāno aṭṭhāsi.[25]

⑦ Paṇḍito goṇe coretvā akusalaṃ karonte nare pakkositvā ovadi.

⑧ Yācakassa puttā rukkhehi patantāni phalāni saṃharitvā āpaṇasmiṃ vikkiṇiṃsu.

⑨ Kassako dhaññaṃ minitvā vāṇijassa vikkiṇituṃ pahiṇi.

⑩ Dhammaṃ uggaṇhitvā samaṇo bhavituṃ ākaṅkhamāno amacco ācariyaṃ pariyesamāno Buddhaṃ upasaṅkami.

⑪ Sace tumhe gāmaṃ pāpuṇeyyātha mitte olokeyyātha.

⑫ Paṇḍitamhā pañhe pucchitvā saccaṃ jānituṃ mātulo ussahi.

⑬ Pāsāṇamhi ṭhatvā ajaṃ khādantaṃ sīhaṃ disvā vānarā bhāyiṃsu.

⑭ Rukkhamūle nisīditvā gitāni gāyantānaṃ kumārānaṃ kāyesu paṇṇāni ca pupphāni ca patiṃsu.

⑮ Tumhe dhanaṃ saṃharamānā mā samuddaṃ taritvā dīpaṃ gacchatha.

⑯ Āpaṇasmiṃ bhaṇḍāni vikkiṇantassa vāṇijassa ratho atthi.

⑰ Ahaṃ puttassa dātuṃ dussaṃ sibbanto gītaṃ gāyiṃ.

⑱ Sūkarā ca sunakhā ca khette āvāṭe khaṇiṃsu.

⑲ Purisā rukkhamūle nisīditvā tāpasena bhāsamānaṃ suṇiṃsu.

⑳ Luddakena saddhiṃ vane āhiṇḍante putte āmantetvā kassakā akkosiṃsu.

㉑ Mā tvaṃ suvaṇṇapattaṃ vikkiṇitvā khagge kiṇāhi.

㉒ So bhaṇḍāni ca khettaṃ ca goṇe ca puttānaṃ datvā gehaṃ pahāya[26] samaṇo bhavituṃ cintesi.

㉓ Dhammena jīvantā sappurisā mige na māresuṃ.

---

25 aṭṭhāsi : tiṭṭhati (√sthā)의 과거시제, '섰다'

26 pahāya : pajahati (√hā)의 연속체, '버리고서'

㉔ Ahaṃ sopānaṃ āruhiṃ, te sopānamhā oruhiṃsu.

㉕ Sahāyakā udakaṃ otaritvā nahāyantā padumāni ociniṃsu.

4. 빨리어로 번역하시오.

① 아이가 연꽃들을 물로 뿌리고는 그것들로 붓다를 예배했다.

② 사람들이 급여를 받고서 시장으로 가서 상품들을 샀다.

③ 어부가 바다로부터 물고기들을 가져오고서 농부들에게 팔았다.

④ 만약 네가 목욕하러 간다면, 아이들의 옷들을 빨아라.

⑤ 앵무새들과 까마귀들이 나무에서 하늘로 날아올랐다.

⑥ 나무뿌리 위에서 개와 함께 놀고 있는 아이들을 꾸짖지 마라.

⑦ 내가 왕을 보기 위해 모이고서 공원에 앉아 있는 사람들에게 말했다.

⑧ 우리가 집으로 들어가고 있는 뱀을 보고서 두려워했다.

⑨ 내가 친구와 함께 밥을 먹고 있는 아들에게 음료를 주었다.

⑩ 악들을 행하지 마라. 인간 세계에서 죽고서 하늘에 들어가기 위해 선들을 행하라.

18 -ā로 끝나는 여성명사의 격변화

1. -ā로 끝나는 여성명사의 격변화

vanitā = 여자[27]

		단수	복수
1	주격	vanitā	vanitā, vanitāyo
2	호격	vanite	vanitā, vanitāyo
3	대격	vanitaṃ	vanitā, vanitāyo
4	구격	vanitāya	vanitāhi (vanitābhi)
5	탈격	vanitāya	vanitāhi (vanitābhi)
6	여격	vanitāya	vanitānaṃ
7	속격	vanitāya	vanitānaṃ
8	처격	vanitāya, vanitāyaṃ	vanitāsu

2. 유사하게 격변화하는 동사들은 다음과 같다.

(-ā로 끝나는 대부분의 명사들은 여성이다.)

kaññā 소녀	vālukā 모래
dārikā ①소녀, ②딸	mañjūsā 상자
gaṅgā 강가 강, 갠지스 강	mālā 화환, 꽃다발
nāvā 배, 선박	surā 술

27 전통적인 빨리어 문법학에서 격의 순서는 Lesson 8의 'nara'에 대한 표와 같이 나타난다. 하지만 이 Lesson부터 릴리 데 실바는 주격→호격→대격의 순서로 배열하고 있다. 아마도 저자는 학습자들이 어미가 비슷한 주격과 호격을 나란히 배우는 것이 수월하다는 생각에서 그렇게 했을 것이다.

ammā 어머니	sākhā 가지
paññā 지혜, 반야(般若)	devatā 신(神), 천인(天人)
sālā 홀(hall), 강당	parisā 회중(會衆), 대중, 무리, 일행
bhariyā 아내	saddhā 믿음
sabhā 회당, 집회, 모임	gīvā 목
kathā 이야기, 교설, 토론	jivhā 혀
latā 덩굴풀	pipāsā 목마름, 갈증
guhā 동굴	khudā 배고픔
chāyā 그늘, 그림자	

3. 어휘 - 동사

sakkoti 가능하다, 할 수 있다.	nilīyati 숨다
parivāreti ① 둘러싸다, ② 추종하다, 따르다	sallapati 대화하다
nivāreti 막다, 방지하다, 방호하다	modati 기뻐하다, 즐기다
anubandhati 따르다, 추적하다, 추격하다	sukhaṃ vindati 즐거움을 경험하다
kujjhati 화내다, 성내다	dukkhaṃ vindati 괴로움을 경험하다
namassati 인사하다, 예배하다	paṭiyādeti 준비하다
poseti 부양하다, 기르다	pakkhipati 던져 넣다, 끼워 넣다, 포함시키다
vāyamati 노력하다, 애쓰다	

▸▹▸▹ 연습문제 18 ◃◂◃◂

4. 우리말로 번역하시오.

① Sace sabhāyaṃ kaññayo katheyyuṃ ahaṃ pi kathessāmi.

② Dārikāyo pupphāni ocinitvā sālāyaṃ nisīditvā mālāyo kariṃsu.

③ Vanitā rukkhassa sākhāyo chinditvā ākaḍḍhi.

④ Bhariyā mañjūsāsu vatthāni ca suvaṇṇaṃ ca ṭhapesi.

⑤ Dārikā pāsādassa chāyāyaṃ nisīditvā vālukāya kīḷiṃsu.

⑥ Bhariyāya kathaṃ sutvā pasīditvā kassako sappuriso abhavi.

⑦ Devatāyo puññāni karonte dhammena jīvante manusse rakkhantu.

⑧ Pabbatasmiṃ guhāsu vasantā sīhā vālukāya[28] kīḷante mige māresuṃ.

⑨ Ammā dārikāya kujjhitvā hatthena pahari.

⑩ Vanitāyo saddhāya bhattaṃ pacitvā vihāraṃ netvā samaṇānaṃ pūjesuṃ.

⑪ Tumhe mā suraṃ pivatha, mā gilānā[29] bhavituṃ ussahatha.

⑫ Dhammena dhanaṃ saṃharamānā paññāya putte posentā narā manussaloke sukhaṃ vindanti.

⑬ Sace tumhe nāvāya gaṅgaṃ tareyyātha dīpasmiṃ vasante tāpase disvā āgantuṃ sakkissatha.

⑭ Parisaṃ parivāretvā pāsādamhā nikkhamantaṃ bhūpālaṃ disvā vanitāyo modanti.

⑮ Kaññāyo sālāyaṃ sannipatitvā kumārehi saddhiṃ sallapiṃsu.

⑯ Khudāya pīḷentaṃ gīlānaṃ yācakaṃ disvā ammā bhattaṃ adadi (adāsi).

⑰ Guhāyaṃ nilīyitvā suraṃ pivantā corā sīhaṃ passitvā bhāyiṃsu.

⑱ Varāhe māretvā jīvanto naro gilāno hutvā dukkhaṃ vindati.

⑲ Vānijassa āpaṇe mañjūsāyaṃ mūlaṃ[30] atthi.

⑳ Samaṇā manusse pāpā nivāretvā sappurese kātuṃ vāyamanti.

---

28 vālukāya : vālukā의 단수, 처격, '모래 위에서'

29 gilānā : gilāna의 복수, 주격, '병든'

30 mūlaṃ : mūla의 단수, 주격, '돈이'

5. 빨리어로 번역하시오.

① 어머니에게 절로 가는 길을 묻고 있는 사람이 길에 서 있었다.

② 여인이 믿음으로 사문들을 위해 밥을 준비하고서 절로 가져갔다.

③ 너는 법대로(정의롭게) 살면서 재물을 추구할 수 있다.

④ 소녀들이 집의 그늘에 앉아서 덩굴풀의 가지들을 잘랐다.

⑤ 나쁜 사람들이 술을 마시고 있는 아들들을 훈계하지 않았다.

⑥ 소녀가 바구니와 돈을 갖고서 곡식을 사기 위해 시장으로 갔다.

⑦ 만약 너희가 등들을 킨다면, 우바새들이 절에 있는 형상들을 볼 것이다.

⑧ 너희 착한 사람들이여, 법을 배우고서 법대로(정의롭게) 살도록 노력해라.

⑨ 네가 노력한다면 악을 피하고서 공덕을 지을 수 있다.

⑩ 여자가 동굴에서 자고 있는 사자를 보고서 도망갔다.

19 과거분사

1. 과거분사(past participle)

과거분사는 대개 연결 모음 -i-나, -i-가 없는 -ta가 동사의 어근에 붙어서 만들어진다.

	현재형, 3인칭, 단수		과거분사		
1	pacati	요리하다	pac + i + ta	pacita	요리한
2	bhāsati	말하다	bhās + i + ta	bhāsita	말한
3	yācati	① 요구하다, 부탁하다, ② 구걸하다	yāc + i + ta	yācita	요구한, 부탁한, 구걸한
4	deseti	설하다	diś + i + ta	desita	설한
5	pūjeti	예배하다, 공경하다	pūj + i + ta	pūjita	예배한, 공경한
6	gacchati	가다	gam + ta	gata	간
7	hanati	죽이다	han + ta	hata	죽인
8	nayati, neti	이끌다, 지도하다	nī + ta	nīta	이끈, 지도한

과거분사는 일부 어근에 -na가 붙어서 만들어지기도 한다.

	현재형, 3인칭, 단수		과거분사		
1	chindati	자르다, 베다, 파괴하다	chid + na	chinna	자른, 벤, 파괴한
2	bhindati	쪼개다, 부수다, 파괴하다, 깨뜨리다	bhid + na	bhinna	쪼갠, 부순, 파괴한, 깨뜨린
3	nisīdati	앉다	ni + sad + na	nisinna	앉은
4	tarati	(물을) 건너다	tṛ + na	tiṇṇa	(물을) 건넌

2. **과거분사**가 타동사로부터 만들어지면 수동적인 의미를 지니지만, 자동사로부터 만들어지면 능동적인 의미를 지닌다. 이들은 세 가지 성으로 격변화하는데, -a로 끝나는 명사는 남성과 중성으로, -ā로 끝나는 명사는 여성으로 각각 격변화한다.

pacati, chindati, nimantetī는 타동사이다. 그러므로 pacito odano는 '지어진 밥', chinnaṃ paṇṇaṃ은 '잘린 잎', nimantitā kaññā는 '초대된 소녀'라는 수동적인 의미를 지닌다.

하지만 gacchati, patati, tiṭṭhati는 자동사이다. 그러므로 manusso gato (hoti)는 '사람이 갔다.', pupphaṃ patitaṃ (hoti)는 '꽃이 떨어졌다.', kaññā ṭhitā (hoti)는 '소녀가 섰다.'라는 능동적인 의미를 지닌다.

3. 다음은 몇 가지 과거분사들이다.

	현재형, 3인칭, 단수		과거분사	
1	kasati	밭을 갈다, 경작하다	kasita, kaṭṭha	밭을 간, 경작한
2	pucchati	묻다, 질문하다	pucchita, puṭṭha	물은, 질문한
3	pacati	요리하다, 조리하다	pacita, pakka	요리한, 조리한
4	ḍasati	물다, 물어뜯다	daṭṭha	물은, 물어뜯은
5	phusati	접촉하다, 만지다	phuṭṭha	접촉한, 만진
6	pavisati	들어가다	paviṭṭha	들어간
7	āmasati	접촉하다, 만지다	āmasita, āmaṭṭha	접촉한, 만진
8	labhati	얻다, 획득하다	laddha, labhita	얻은, 획득한
9	ārabhati	시작하다, 개시하다, 착수하다	āraddha	시작한, 개시한, 착수한
10	bhavati	되다, 있다	bhūta	된, 있는
11	bhuñjati	즐기다, 먹다	bhuñjita, bhutta	즐긴, 먹은
12	vapati	파종하다, 뿌리다	vutta	파종한, 뿌린

	현재형, 3인칭, 단수		과거분사	
13	vasati	거주하다	vuttha	거주한
14	āsiñcati	(물을) 뿌리다	āsitta	(물을) 뿌린
15	khipati	던지다, 버리다	khitta	던진, 버린
16	dhovati	씻다, 세척하다, 세탁하다	dhovita, dhota	씻은, 세척한, 세탁한
17	pajahati	버리다, 포기하다	pahīna	버린, 포기한
18	vivarati	① 열다, ② 해석하다	vivaṭa	① 연, ② 해석한
19	pivati	마시다	pīta	마신
20	cavati	죽다, 떠나다	cuta	죽은, 떠난
21	hanati	죽이다	hata	죽인
22	nikkhamati	① 나가다, 떠나다, ② 출가하다	nikkhanta	① 나간, 떠난, ② 출가한
23	jānāti	알다	ñāta	안
24	suṇāti	듣다	suta	들은
25	mināti	측정하다, 재다	mita	측정한, 잰
26	gaṇhāti	가지다, 취하다, 잡다	gahita	가진, 취한, 잡은
27	kiṇāti	사다, 구매하다	kīta	산, 구매한
28	pāpuṇāti	① 얻다, 획득하다, ② 도달하다	patta	① 얻은, 획득한, ② 도달한
29	karoti	하다, 만들다	kata	한, 만든
30	tiṭṭhati	서다, 지탱하다	ṭhita	선, 지탱한
31	harati	① 가져가다, ② 훔치다	haṭa	① 가져간, ② 훔친
32	kujjhati	화내다, 성내다	kuddha	화낸, 성낸
33	dadāti	주다	dinna	준
34	pasīdati	① 즐거워하다, 기뻐하다, 청정해지다, ② 믿음을 지니다	pasanna	① 즐거워한, 기뻐한, 청정해진, ② 믿음을 지닌
35	passati	보다	diṭṭha (√dṛś)	본
36	muñcati	풀어주다, 해방시키다	mutta	풀린, 해방된

4. 문장 형성의 예

① Upāsakehi vihāraṃ paviṭṭho Buddho diṭṭho hoti.
절로 들어간 붓다가 우바새들에 의해 목격되었다.

② Te Buddhena desitaṃ dhammaṃ suṇiṃsu.
그들이 붓다에 의해 설해진 법을 들었다.

③ Dārikāya āhaṭāni bhaṇḍāni ammā piṭakesu pakkhipi.
어머니가 소녀에 의해 가져와진 상품들을 바구니들에 넣었다.

④ Vānijo patitassa rukkhassa sākhāyo chindi.
상인이 떨어진 나무의 가지들을 잘랐다.

⑤ Mayaṃ udakena āsittehi pupphehi Buddhaṃ pūjema.
우리가 물로 뿌려진 꽃들로 붓다를 예배한다.

⑥ Kassakena kasite khette sūkaro sayati.
농부에 의해 경작된 밭에서 돼지가 잔다.

▸▹▸▹ 연습문제 19 ◃◂◃◂

5. 우리말로 번역하시오.

① Ammāya mañjūsāyaṃ pakkhittaṃ suvaṇṇaṃ dārikā na gaṇhi.
② Dhotāni vatthāni gahetvā bhariyā udakamhā uttari.
③ Kassakehi uyyāne ropitesu rukkhesu phalāni bhaviṃsu.
④ Buddhā devehi ca narehi ca pūjitā honti.
⑤ Udakena pūritaṃ pattaṃ gahetvā vanitā gehaṃ āgatā hoti.

⑥ Adhammena[31] dīpaṃ pālentena bhūpālena pīḷitā manussā kuddhā honti.

⑦ Pakkaṃ[32] phalaṃ tuṇḍena gahetvā uḍḍentaṃ suvaṃ ahaṃ apassiṃ.

⑧ Udento suriyo brāhmaṇena namassito hoti.

⑨ Ammāya jālitaṃ dīpaṃ ādaya putto vihāraṃ paviṭṭho hoti.

⑩ Vanitāya dussena chādite āsane samaṇo nisīditvā sannipatitāya parisāya dhammaṃ desesi.

⑪ Kassakena khettaṃ ānītā goṇā tiṇaṃ khādantā āhiṇḍiṃsu.

⑫ Vāṇijā mañjūsāsu ṭhapitāni dussāni na vikkiṇiṃsu.

⑬ Sace tvaṃ saccaṃ jāneyyāsi mā puttaṃ akkosa.

⑭ Nāvāya nikkhantā narā samuddaṃ taritvā dīpaṃ pāpuṇitvā bhariyāhi saddhiṃ kathentā modanti.

⑮ Magge ṭhite vāṇijassa sakaṭe ahaṃ kaññāya ānītāni bhaṇḍāni ṭhapesiṃ.

⑯ Dhammena laddhena dhanena putte posetvā jīvantā manussā devatāhi rakkhitā honti.

⑰ Sāvakehi ca upāsakehi ca parivārito Buddho vihārassa chāyāya nisinno hoti.

⑱ Ammāya pāpehi nivāritā puttā sappurisā hutvā dhammaṃ suṇanti.

⑲ Kassake pīḷentā corā paṇḍitena anusāsitā sappurisā bhavituṃ vāyamantā upāsakehi saddhiṃ uyyāne rukkhe ropenti.

⑳ Vanitā puttāya paṭiyāditamhā bhattamhā khudāya pīḷitassa yācakassa thokaṃ[33] datvā pānīyaṃ ca dadi (adāsi).

㉑ Sabhāyaṃ nisditvā dārikāya gāyitaṃ gītaṃ sutvā kaññāyo modiṃsu.

㉒ Amaccena nimantitā purisā sālāyaṃ nisīdituṃ asakkontā uyyāne

---

31 adhammena : adhamma의 단수, 구격, '법답지 못하게', '정의롭지 못하게'.
32 pakkaṃ : pakka의 단수, 대격. pakka는 pacati (√pac)의 과거분사, '익은'
33 thokaṃ : thoka의 단수, 대격, '조금을'

sannipatiṃsu.

㉓ Kassakehi khettesu vuttehi bījehi thokaṃ sakuṇā khādiṃsu.

㉔ Kumārehi rukkhamūle nilīyitvā sayanto sappo diṭṭho hoti.

㉕ Vāṇijena dīpamhā āhaṭāni vatthāni kiṇituṃ vanitāyo icchanti.

㉖ Sace bhūpālo dhammena manusse rakkheyya te kammāni katvā dārake posentā sukhaṃ vindeyyuṃ.

㉗ Puttena yācitā ammā mittānaṃ odanaṃ paṭiyādesi.

㉘ Amaccena puṭṭhaṃ pañhaṃ adhigantuṃ asakkonto corānaṃ dūto cintetuṃ ārabhi.

㉙ Corehi guhāyaṃ nilīyitāni bhaṇḍāni passitvā vānarā tāni ādāya rukkhe āruhiṃsu.

㉚ Ahaṃ pariyesitaṃ dhammaṃ adhigantvā modāmi.

6. 빨리어로 번역하시오.

① 모임에 온 사람이 대신들과 함께 이야기할 수 없었다.

② 아이가 어머니에 의해 주어진 돈을 갖고서 상점으로 달려갔다.

③ 왕이 말들에 의해서 끌리는 마차에 앉아 있다.

④ 현자와 함께 대화하고서 농부들이 왕의 앞으로 전령을 보냈다.

⑤ 아이들이 열린 문으로부터 떠났다.

⑥ 물로 내려간 여자들이 옷들을 빨고서 목욕했다.

⑦ 붓다들과 제자들이 신들과 사람들에 의해 예배받는다.

⑧ 상인이 여자들에 의해 짜여진 옷들을 팔았다.

⑨ 나는 소녀에 의해 숲에서 가져온 꽃들과 과일들을 가지지 않았다.

⑩ 개에게 쫓긴 소녀들이 집으로 재빠르게 도망갔다.

⑪ 스승이 소녀에 의해 지어진 악업을 보고서 (그녀를) 훈계했다.

⑫ 우리는 여자들에 의해 준비된 등들을 켜지 않았다.

⑬ 너는 농부에 의해 산에서 잘린 가지들을 산으로부터 끌지 마라.

⑭ 그 일에 대한 급여를 받지 못하고서 여자가 화낸다.
⑮ 가지 위에 앉아 있는 소년에게서 과일들을 구걸하지 마라.
⑯ 바라문에 의해 꾸지람을 당한 여자가 문에 앉아서 운다.
⑰ 어머니에 의해 부름을 받은 소녀가 밥을 먹기 위해 집으로 달려갔다.
⑱ 덩굴풀들을 자르려고 시도한 사람들이 가지들을 당기기 시작했다.
⑲ 법에 따라 살고 있는 농부가 밭들을 갈면서 아내와 아이들과 함께 행복을 경험한다.
⑳ 신의 세계에서 죽고서 인간 세계에 태어난 신들이 붓다에 의해 설해진 법을 들으면서 기뻐한다.
㉑ 사문에 의해 훈계를 받은 도둑들이 착한 사람이 되었다.
㉒ 농부에 의해 심어진 나무들 위에 과일들이 없었다.
㉓ 개에게 물린 소녀가 집으로 달려가고서 울었다.
㉔ 대신이 의사에게 알려져 있지 않다.
㉕ 나무뿌리 위에 앉은 소녀들이 모래를 갖고 놀았다.
㉖ 아들들이여, 술을 마시지 마라.
㉗ 어머니들이 아이들을 악으로부터 방지한다.
㉘ 내가 갈증으로 시달리는 개에게 마실 물을 주었다.
㉙ 우리는 사냥꾼이 오는 것을 보고서 나무들 속으로 숨었다.
㉚ 우리는 믿음으로 시물들을 준비하고서 사문들에게 보시하였다.

LESSON

20 -i와 -ī로 끝나는 여성명사의 격변화

1. -i와 -ī로 끝나는 여성명사의 격변화

bhūmi = 땅, 대지

		단수	복수
1	주격	bhūmi	bhūmī, bhūmiyo
2	호격	bhūmi	bhūmī, bhūmiyo
3	대격	bhūmiṃ	bhūmī, bhūmiyo
4	구격	bhūmiyā	bhūmīhi (bhūmībhi)
5	탈격	bhūmiyā	bhūmīhi (bhūmībhi)
6	여격	bhūmiyā	bhūminaṃ
7	속격	bhūmiyā	bhūminaṃ
8	처격	bhūmiyā, bhūmiyaṃ	bhūmīsu

-ī로 끝나는 여성명사들도, -ī로 끝나는 주격과 호격의 단수를 유일하게 제외하고, 유사하게 활용된다.

2. 어휘

-i로 끝나는 여성명사	-ī로 끝나는 여성명사
aṅguli 손가락	nadī 강
aṭavi 숲	nārī, itthī 여자
ratti 밤	taruṇī 젊은 여자, 아가씨
doṇi 배, 카누, 보트	bhaginī 자매
yuvati 젊은 여자, 아가씨	vāpī 저수지, 호수

-i로 끝나는 여성명사	-ī로 끝나는 여성명사
yaṭṭhi 지팡이	pokkharaṇī 연못
asani 번개, 벼락	kadalī 바나나, 파초(芭蕉)
nāḷi 통, 관 (측량의 단위)	brāhmaṇī 바라문 여자
rasmi 광선, 빛줄기	gāvī 소
iddhi 초능력, 신통력	rājinī, devī 왕비
	kumārī 소녀
	sammajjanī 빗자루

3. 동사

vyākaroti ① 설명하다, ② 예언하다, ③ 답변하다	muñcati 풀어주다, 해방시키다
pattheti 원하다, 희망하다, 갈망하다	nīhareti 가져가다
vissajjeti ① 설명하다, 해명하다, 답변하다, ② 쓰다, 소비하다	peseti 보내다
āroceti 알리다, 고지하다	paṭicchādeti 덮다, 감추다
	veṭheti 싸다, 포장하다
	viheṭheti 괴롭히다, 해치다, 핍박하다

▶▷▶▷ 연습문제 20 ◁◀◁◀

4. 우리말로 번역하시오.

① Bhūpālo rājiniyā saddhiṃ nāvāya nadiṃ taranto udake carante macche olokento amaccehi saddhiṃ katheti.

② Pāniyaṃ pivitvā dārikāya bhūmiyaṃ nikkhitto patto bhinno hoti.

③ Kassakānaṃ gāviyo aṭaviyaṃ āhiṇḍitvā khettaṃ āgamiṃsu.

④ Rattiyā samuddasmiṃ patitā candassa rasmiyo oloketvā taruṇiyo modiṃsu.

⑤ Upāsakā iddhiyā ākāse gacchantaṃ tāpasaṃ disvā pasannā honti.

⑥ Bhaginiyā saddhiṃ pokkharaṇiyā tīre[34] ṭhatvā so padumāni ocinituṃ vāyami.

⑦ Nāriyo vāpīsu nahāyituṃ vā[35] vatthāni dhovituṃ vā na icchiṃsu.

⑧ Yuvatiyā puṭṭhaṃ pañhaṃ vyākātuṃ asakkonto ahaṃ tāya saddhiṃ sallapituṃ ārabhiṃ.

⑨ Asappurisassa puttena kataṃ pāpakammaṃ paṭiccādetuṃ ammā na ussahi.

⑩ Bhaginiyā dussena veṭhetvā mañcasmiṃ ṭhapitaṃ bhaṇḍaṃ itthī mañjūsāyaṃ pakkhipi.

⑪ Mā tumhe magge sayantaṃ kukkuraṃ viheṭhetha.

⑫ Sappuriso amacco dhanaṃ vissajjetvā yācakānaṃ vasituṃ sālāyo gāmesu karitvā bhūpālaṃ ārocesi.

⑬ Kumāro suvaṃ hatthamhā muñcitvā taṃ uḍḍentaṃ passamāno rodanto rukkhamūle aṭṭhāsi.

⑭ Saddhāya dānaṃ dadamānā kusalaṃ karontā sappurisā puna[36] manussaloke uppajjituṃ patthenti.

⑮ Kumāro mañjūsaṃ vivaritā sāṭakaṃ nīharitvā ammāya pesesi.

5. 빨리어로 번역하시오.

① 왕의 공원에 있는 연못들에 연꽃들과 물고기들이 있다.

② 아가씨들이 저수지에서 연꽃들을 따고서 땅 위에 두었다.

③ 왕비가 배로 강을 건너온 자매들과 함께 이야기했다.

④ 내가 밭에서 소를 쫓아다니고 있는 개를 보았다.

---

34 tīre : tīra의 단수, 처격, '기슭에'

35 vā : ~(이)거나, 또는, 혹은

36 puna : 다시, 또

⑤ 여자들과 소녀들이 과일들과 꽃들을 따기 위해 나무들에 오르지 않았다.
⑥ 너희가 목욕하기 위해 강으로 가고서 벼락소리를 듣고서 두려워했다.
⑦ 너희는 친구들과 함께 행한 악을 숨기지 말라.
⑧ 만약 네가 옷들을 사기 위해 돈을 쓴다면, 어머니에게 알려라.
⑨ 연꽃잎들로 감싼 연꽃들을 강당에 앉아 있는 아가씨들에게 보내라.
⑩ 우리가 모임에서 여자들에 의해 제기된 질문들을 설명할 수 있다.

LESSON 21 현재분사, 여성

1. 현재분사(present participle)(계속됨)

이 Lesson은 Lesson 11의 연속이기 때문에 그 Lesson과 함께 공부해야 한다. Lesson 11에서는 -nta, -māna는 -a로 끝나는 동사의 어간에 붙어서 현재분사의 남성과 중성이 만들어진다는 점을 공부했다. 예를 들면 :

현재분사의 남성과 중성		
paca + nta	pacanta	요리하고 있는
paca + māna	pacamāna	

이들은 -a로 끝나는 남성·중성명사들처럼 활용된다.

게다가 -e, -aya로 끝나는 어간을 가진 동사들의 경우, -e로 끝나는 어간을 지닌 동사에는 대개 -nta가 붙으며, -aya로 끝나는 어간을 가진 동사에는 -māna가 붙는다는 점을 주의해야 한다. 예를 들면 :

현재분사의 남성과 중성		
core + nta	corenta	훔치고 있는
coraya + māna	corayamāna	

-nā로 끝나는 어간을 가진 동사들의 경우에는 -nta, -māna가 일반적으로 붙지만, -nā는 -na로 짧아진다. 예를 들면 :

	현재분사의 남성과 중성		
1	kiṇā + nta	kiṇanta	사고 있는, 구매하고 있는
	kiṇā + māna	kiṇamāna	
2	suṇā + nta	suṇanta	듣고 있는
	suṇā + māna	suṇamāna	

빨리 문헌에서 -nta로 끝나는 현재분사는 -māna로 끝나는 현재분사보다 더 빈번하게 나타난다.

2. 현재분사의 여성은 -ntī, -mānā가 동사의 어간에 붙어서 만들어진다. 예를 들면 :

	현재분사의 여성		
1	paca + ntī	pacantī	요리하고 있는
	paca + mānā	pacamānā	
2	core + ntī	corentī	훔치고 있는
	coraya + mānā	corayamānā	
3	kiṇā + ntī	kiṇantī	사고 있는, 구매하고 있는
	kiṇā + mānā	kiṇamānā	

-ntī가 붙으면 현재분사는 -ī로 끝나는 여성명사처럼 격변화한다. mānā가 붙으면 현재분사는 -ā로 끝나는 여성명사처럼 격변화한다.

pacantī의 격변화

		단수	복수
1	주격	pacantī	pacantī, pacantiyo
2	호격	pacantī	pacantī, pacantiyo
3	대격	pacantiṃ	pacantī, pacantiyo

		단수	복수
4	구격	pacantiyā	pacantīhi (pacantībhi)
5	탈격	pacantīyā	pacantīhi (pacantībhi)
6	여격	pacantiyā	pacantīnaṃ
7	속격	pacantiyā	pacantīnaṃ
8	처격	pacantiyā, pacantiyaṃ	pacantīsu

3. 문장 형성의 예

단수

① Ammā bhattaṃ pacantā kaññāya saddhiṃ katheti. (주격)
밥을 짓고 있는 어머니가 소녀와 함께 이야기한다.

② Kaññā bhattaṃ pacantiṃ ammam passati. (대격)
소녀가 밥을 짓고 있는 어머니를 본다.

③ Kaññā bhattaṃ pacantiyā ammāya udakaṃ deti. (여격)
소녀가 밥을 짓고 있는 어머니에게 물을 준다.

복수

① Bhattaṃ pacantiyo ammāyo kaññāhi saddhiṃ kathenti. (주격)
밥을 짓고 있는 어머니들이 소녀들과 함께 이야기한다.

② Kaññāyo bhattaṃ pacantiyo ammāyo passanti. (대격)
소녀들이 밥을 짓고 있는 어머니들을 본다.

③ Kaññāyo bhattaṃ pacantīnaṃ ammānaṃ udakaṃ denti. (여격)
소녀들이 밥을 짓고 있는 어머니들에게 물을 준다.

이와 마찬가지로, 현재분사는 자신이 수식하는 명사의 성 · 수 · 격과 일치하도록 격변화한다.[37]

▸▹▸▹ 연습문제 21 ◃◂◃◂

4. 우리말로 번역하시오.

① Khette phalāni corentī dārikā kassakaṃ disvā bhāyitvā dhāvituṃ ārabhi.

② Buddhassa sāvakena desitaṃ dhammaṃ sutvā yuvati saccaṃ adhigantuṃ icchantī ammāya saddhiṃ mantesi.

③ Sayantaṃ sunakhaṃ āmasantī kumārī gehadvāre nisinnā hoti.

④ Rājinī nārīhi puṭṭhe pañhe vyakarontī sabhāyaṃ nisinnā parisaṃ āmantetvā kathaṃ kathesi.

⑤ Aṭaviṃ gantvā rukkhaṃ chinditvā sākhāyo ākaḍḍhantiyo itthiyo sigāle disvā bhāyiṃsu.

⑥ Gehadvāre nisīditvā dussaṃ sibbantī bhaginī gītaṃ gāyati.

⑦ Asappuriso pāpakammāni paṭicchādetvā upāsakehi saddhiṃ sallapanto vihārasmiṃ āsane nisinno hoti.

⑧ Sāṭakena veṭhetvā nilīyataṃ suvaṇṇaṃ passituṃ ākaṅkhamānā yuvati ovarakassa[38] dvāraṃ vivari.

⑨ Sace tvaṃ mulaṃ vissajjetuṃ iccheyyāsi, mā vatthaṃ kiṇāhi.

⑩ Sace tumhe bhūpālassa dūtaṃ pesetha amacce pi ārocetha.

⑪ Kassako chinnā sakhāyo khettamhā nīharitvā aṭaviyaṃ pakkhipi.

⑫ Pokkaraṇiyā tīre ṭhatvā kadaliphalaṃ khādantī kaññā bhaginiyā dinnaṃ padumaṃ gaṇhi.

---

37 다시 말하면, 현재분사는 성 · 수 · 격과 일치하는 명사들을 수식하는 형용사처럼 사용된다.
38 ovarakassa : ovaraka의 단수, 속격, '방의'

⑬ Amhākaṃ[39] hatthapādesu vīsati[40] aṅguliyo santi.

⑭ Rattiyā gehā nikkhamituṃ bhāyantī kaññā dvāraṃ na vivari.

⑮ Sace tvaṃ yaṭṭhiyā kukkuraṃ pahareyyāsi so ḍaseyya.

⑯ Mayaṃ sappurisā bhavituṃ ākaṅkhamānā samaṇe upasaṅkamma dhammaṃ sutvā kusalaṃ kātuṃ ārabhimha.

⑰ Pāpakammehi anubandhitā asappurisā corā niraye[41] uppajjitvā dukkhaṃ vindanti.

⑱ Mā puññaṃ parivajjetvā pāpaṃ karotha, sace kareyyātha manus salokamhā cavitvā dukkhaṃ vindissatha.

⑲ Sace tumhe sagge uppajjitvā modituṃ patthetha puññāni karotha.

⑳ Saccaṃ ñātuṃ ussahantā brāhmaṇā sahāyakehi saha mantayiṃsu.

㉑ Nāriyā pañjare[42] pakkhittā sukā kadaliphalaṃ khādantā nisinnā honti.

㉒ Goṇaṃ viheṭhetuṃ na icchanto vāṇijo sakaṭamhā bhaṇḍāni nīharitva bhūmiyaṃ nikkhipitvā kassakaṃ ārocesi.

㉓ Aṭaviyaṃ viharantā migā ca goṇā ca varāhā ca sīhamhā bhāyanti.

㉔ Samaṇā saddhāya upāsakehi dinnaṃ bhuñjitvā saccaṃ adhigantuṃ vāyamantā sīlāni rakkhanti.

㉕ Rattiyā nikkhantā doṇi nadiṃ taritvā pabhāte[43] dīpaṃ pāpuṇi.

㉖ Gehassa chāyāya ṭhatvā dārikāya bhūmiyaṃ nikkhittaṃ odanaṃ sunakho khādituṃ ārabhi.

㉗ Bhariyāya nāḷiyā mitaṃ dhaññaṃ ādāya kassako āpaṇaṃ gato hoti.

㉘ Uḍḍente kāte disvā vālukāya ca udakena ca kīḷantī dārikā hasamānā dhāvi.

---

39 amhākaṃ : amha의 복수, 속격, '우리의'

40 vīsati : 20, 이십

41 niraye : niraya의 단수, 처격, '지옥에'

42 pañjare : pañjara의 단수, 처격, '새장에'

43 pabhāte : pabhāta의 단수, 처격, '새벽에'

㉙ Rathaṃ pājetuṃ[44] uggaṇhanto puriso dakkho[45] rathācariyo bhavituṃ vāyami.

㉚ Vivaṭamhā dvāramhā nikkhantā kumārā pañjarehi muttā sakuṇā viya[46] uyyānaṃ dhāviṃsu.

5. 빨리어로 번역하시오.

① 소녀가 침대에 앉아서 어머니에 의해 주어진 우유를 마셨다.

② 여자들이 옹기들을 갖고 이야기하면서 물을 가져오기 위해 강으로 갔다.

③ 여자가 새를 괴롭히고자 하지 않으면서 새장에서 그를 풀어주었다.

④ 소녀가 나무에서 과일들을 딸 수 없어서 농부를 불렀다.

⑤ 울고 있는 아이의 그릇에 우유가 없다.

⑥ 나무뿌리 위에서 노래하고 있는 소녀들이 춤추기 시작했다.

⑦ 사냥꾼과 개들에 의해 쫓긴 사슴들이 숲으로 도망갔다.

⑧ 여자들이 이익을 얻기 바라면서 상점들에서 옷들을 팔았다.

⑨ 소년이 등들을 켜는 기름을 사기 위해 상점에서 상점으로 갔다.

⑩ 내가 나무의 그늘에 앉아 있는 소녀에게 상자를 주었다.

⑪ 소녀들이 나무에서 덩굴풀을 당기면서 웃었다.

⑫ 여자들과 아이들을 괴롭히는 그들은 나쁜 사람들이다.

⑬ 우리는 눈들로 땅에 떨어지는 태양의 광선들을 본다.

⑭ 여자는 집으로 들어가고 있는 뱀을 지팡이로 때리고서 죽였다.

⑮ 자매들이 상자들 속에 과일들과 꽃들을 끼워 넣고서 열린 집의 문에 앉았다.

⑯ 만약 네가 물에서 나와서 아이를 보호한다면, 내가 연못으로 내려가서 목욕할 것이다.

---

44 pājetuṃ : pājeti (pra+√aj)의 부정사, '끌기'

45 dakkho : dakkha의 단수, 주격, '능숙한'

46 viya : ~같이, ~처럼

⑰ 우리는 악업들을 짓고 있는 여자들에게 화내고서 강당에서 떠났다.

⑱ 너희는 공원에서 어슬렁거리고 있는 소들과 사슴들을 쏘지 마라. 왕과 왕비가 화낼 것이다.

⑲ 왕과 대신들이 섬에 살고 있는 사람들을 괴롭히지 말기를!

⑳ 내가 길에서 어슬렁거리고 있고 배고픔에 시달리고 있는 개들에게 밥을 주었다.

LESSON 22 미래수동분사

1. 미래수동분사(future passive particle)

미래수동분사는 가끔 가능분사(potential participle)라고도 불리며, 동사의 어간(語幹, stem)에 -tabba, -anīya가 붙어서 만들어진다. 대부분 모음 -i-와 연결되어 -tabba가 붙는다. 미래수동분사는 a로 끝나는 남성과 중성의 명사들, 그리고 ā로 끝나는 여성명사들처럼 격변화한다. 이것은 '~되어져야 하는', '~해야 하는', '~에 적당한'의 뜻을 나타낸다.

	현재형, 3인칭, 단수		미래수동분사	
1	pacati	요리하다	pacitabba, pacanīya	요리되어야 하는
2	bhuñjati	즐기다, 먹다	bhuñjitabba, bhojanīya[47]	즐겨져야 하는, 먹혀야 하는
3	karoti	하다, 짓다	kātabba, karaṇīya	해야 하는, 지어야 하는

2. 문장 형성의 예

① Ammā pacitabbaṃ (pacanīyaṃ) taṇḍulaṃ piṭake ṭhapesi.
어머니가 요리되어야 하는 생쌀을 바구니에 두었다.

② Dārikāya bhuñjitabbaṃ (bhojanīyaṃ) odanaṃ ahaṃ na bhuñjissāmi.
나는 소녀에 의해 먹혀야 할 밥을 먹지 않을 것이다.

---

47 bhojanīya는 명사로 쓰이면 khadanīya(단단한 음식)의 상대가 되어서, '부드러운 음식', '연식(軟食)'의 뜻을 나타낸다.

③ Kassakena kātabbaṃ (karaṇīyaṃ) kammaṃ kātuṃ tvaṃ icchasi.
너는 농부에 의해 행해져야 하는 일을 하기 원한다.

▸▹▸▹ 연습문제 22 ◃◂◃◂

3. 우리말로 번역하시오.

① Upāsakehi samaṇā vanditabbā honti.

② Mañjūsāyaṃ nikkhipitabbaṃ suvaṇṇaṃ mā mañcasmiṃ ṭhapehi.

③ Sappurisā pūjanīye pūjenti, asappurisā tathā[48] na karonti.

④ Bhūpālena rakkhitabbaṃ dīpaṃ amaccā na sammā[49] pālenti.

⑤ Manussehi dhammo uggaṇhitabbo, saccaṃ adhigantabbaṃ hoti.

⑥ Kumurārīhi āhaṭāni pupphāni udakena āsiñcitabbāni honti.

⑦ Corena gahitaṃ bhaginiyā dhanaṃ pariyesitabbaṃ hoti.

⑧ Uyyāne ropitā rukkhā na chinditabbā honti.

⑨ Dhotabbāni dussāni gahetvā yuvatiyo hasamānā pokkharaṇiṃ otariṃsu.

⑩ Samaṇehi ovaditabbā kumārā vihāram na gamiṃsu.

⑪ Kassakena kasitabbaṃ khettaṃ vikkiṇituṃ vāṇijo ussahi.

⑫ Āpaṇesu ṭhapitāni vikkiṇitabbāni bhaṇḍāni kiṇituṃ te na icchiṃsu.

⑬ Ammā khādanīyāni ca bhojanīyāni ca paṭiyādetvā dārakānaṃ deti.

⑭ Manussehi dānāni dātabbāni, sīlāni rakkhitabbāni, puññāni kātabbāni.

⑮ Goṇānaṃ dātabbāni tiṇāni kassako khettamhā āhari.

⑯ Migā pānīyaṃ udakaṃ pariyesantā aṭaviyaṃ āhiṇḍimsu.

⑰ Darikāya dātuṃ phalāni āpaṇamhā vā[50] khettamhā vā āharitabbāni

48 tathā : 그와 같이, 그처럼
49 sammā : 바르게, 잘, 제대로

honti.

⑱ Kathetabbaṃ vā akathetabbaṃ[51] vā ajānanto asappuriso mā sabhāyaṃ nisīdatu.

⑲ Tumhe bhūpālā amaccehi ca paṇḍitehi ca samaṇehi ca anusāsitabbā hotha.

⑳ Upāsakena puṭṭho pañho paṇḍitena vyākātabbo hoti.

㉑ Bhūpālassa uyyāne vasantā migā ca sakunā ca luddakehi na hantabbā honti.

㉒ Kusalaṃ ajānitvā pāpaṃ karontā kumārā na akkositabbā, te samaṇehi ca paṇḍitehi ca sappurisehi ca anusāsitabbā.

㉓ Asappurisā parivajjetabbā, mā tumhe tehi saddhiṃ[52] gāme āhiṇḍatha.

㉔ Surā na pātabbā, sace piveyyātha tumhe gilānā bhavissatha.

㉕ Dhammena jīvantā manussā devehi rakkhitabbā honti.

4. 빨리어로 번역하시오.

① 밤에 사람들이 등들을 켜기를!

② 상인이 팔려야 하는 말들을 농부들에게 가져왔다.

③ 형상들은 눈들로 보아져야 하고, 맛들은 혀로 즐겨져야 한다.

④ 개가 지팡이들과 돌들로 때려져서는 안 된다.

⑤ 섬의 사람들이 왕과 대신들에 의해 보호되어야 한다.

⑥ 꽃들이 공원에서 어슬렁거리고 있는 사람들에 의해 따져서는 안 된다.

⑦ 곡식이 아내와 함께 농부에 의해 측정되어야 한다.

⑧ 악이 사람들에 의해 행해져서는 안 된다.

⑨ 풀과 물이 소들과 염소들에게 주어져야 한다.

---

50 vā : ~(이)거나, 또는, 혹은

51 ㊟ akathetabbaṃ : 말해지지 않아야 할 것. ☞ 여기서 a-는 부정 접두사이다.

52 tehi saddhiṃ : 그들과 함께. ☞ saddhiṃ은 구격을 수반한다.

⑩ 대중이 스승의 자매에 의해 불러져야 한다.
⑪ 동굴들 속에서 자고 있는 사자들이 사람들에 의해 접근되어서는 안 된다.
⑫ 어머니의 옷들이 소녀에 의해 세탁되어야 한다.

LESSON 23 사역형

1. 사역형(causative)

사역형은 동사의 어근(語根, root)이나 어간(語幹, stem)에 -e, -aya, -āpe, -āpaya와 같은 접미사들이 붙어서 만들어진다. 이러한 접미사들이 붙으면 종종 어근의 모음이 길어지기도 한다. -e, -aya로 끝나는 동사의 어간에는 예외없이 접미사 -ape, -paya가 붙어서 사역형이 만들어진다.

	현재형, 3인칭, 단수		사역형	
1	pacati	요리하다	pāceti, pācayati, pacāpeti, pācāpayati	요리하게 하다
2	bhuñjati	즐기다, 먹다	bhojeti, bhojāpeti	먹게 하다, 식사를 제공하다, 접대하다
3	coreti	훔치다	corāpeti, corāpayati	훔치게 하다
4	kināti	팔다	kiṇāpeti, kiṇāpayati	팔게 하다
5	karoti	하다, 짓다	kāreti, kārāpayati	하게 하다, 짓게 하다
6	dadāti, deti	주다	dāpeti, dāpayati	주게 하다

사역형 문장에서 행위자는 대격이나 구격으로 표현된다.

2. 문장 구성의 예

① Ammā bhaginiṃ bhattaṃ pacāpeti.
어머니가 자매에게 밥을 짓게 한다.

② Bhūpālo samaṇe ca yācake ca bhojāpesi.
왕이 사문들과 거지들에게 식사를 제공했다.

③ Coro mittena kakacaṃ corāpetvā vanaṃ dhāvi.
도둑이 친구에게 톱을 훔치게 하고는 숲으로 도망갔다.

④ Vejjo puttena āpaṇamhā khīraṃ kiṇāpesi.
의사가 아들에게 시장에서 우유를 사도록 했다.

⑤ Upāsakā amaccena samaṇānaṃ vihāraṃ kārāpesuṃ.
우바새들이 대신에게 사문들을 위해 절을 짓도록 했다.

⑥ Yuvati bhaginiyā ācariyassa mūlaṃ dāpetvā sippaṃ uggaṇhi.
아가씨는 자매가 스승에게 돈을 주고서 기예를 배우도록 했다.

⑦ Brāhmaṇo coraṃ (corena) saccaṃ bhāsāpetuṃ vāyami.
바라문은 도둑에게 진리를 말하게 하려고 노력했다.

▸▹▸▹ 연습문제 23 ◃◂◃◂

3. 우리말로 번역하시오.

① Ammā samaṇehi asappurise putte anusāsāpesi.

② Tumhe manusse pīḷente core āmantāpetvā ovadatha.

③ Vāṇijo kassakena rukkhe chindāpetvā (chedāpetvā) sakaṭena nagaraṃ netvā vikkiṇi.

④ Samaṇo upāsake sannipātāpetvā dhammaṃ desesi.

⑤ Mātulo kumārehi pupphāni ca phalāni ca ocināpesi.

⑥ Dārikā sunakhaṃ pokkharaṇiṃ otarāpesi.
⑦ Amacco vāṇije ca kassake ca pakkosāpetvā pucchissati.
⑧ Kaññāhi āhaṭāni pupphāni vanitāyo āsiñcāpesuṃ.
⑨ Bhariyāya kātabbaṃ kammaṃ ahaṃ karomi.
⑩ Luddako mittena migaṃ vijjhitvā mārāpesi.
⑪ Brāhmaṇo ācāriyena kumāriṃ dhammaṃ uggaṇhāpesi.
⑫ Ammā dārikaṃ khīraṃ pāyetvā mañce sayāpesi.
⑬ Vāṇijā assehi bhaṇḍāni gāhāpetva vikkiṇituṃ nagaraṃ gamiṃsu.
⑭ Vanitā sahāyakena rukkhassa sākhāyo ākaḍḍhāpetvā gehaṃ nesi.
⑮ Ammā puttena gehaṃ āgataṃ samaṇaṃ vandāpesi.
⑯ Upāsakā samaṇe āsanesu nisīdāpetvā bhojāpesuṃ.
⑰ Bhaginī bhinnapattassa khaṇḍāni[53] āmasantī rodantī gehadvāre aṭṭhāsi.
⑱ Udakaṃ āharituṃ gacchantiyo nāriyo sallapantiyo rukkhamūlesu patitāni kusumāni oloketvā modiṃsu.
⑲ Luddako tuṇḍena phalaṃ ocinituṃ vāyamantaṃ suvaṃ sarena vijjhi.
⑳ Sappurisena kārāpitesu vihāresu samaṇā vasanti.

4. 빨리어로 번역하시오.

① 나쁜 사람이 아들들에게 새들을 쏘게 한다.
② 우바새들이 사문들에게 법을 설하게 할 것이다.
③ 여자들이 아이들에게 붓다의 제자들에게 예배하도록 한다.
④ 젊은 여자가 자매에게 집회에서 이야기하도록 할 것이다.
⑤ 농부가 구덩이에 나무가 떨어지도록 했다.
⑥ 너희가 꽃들이 물로 뿌려지게 할 것이다.

---

53 khaṇḍāni : khaṇḍa의 복수, 대격, '조각들을'

⑦ 왕이 대신들에게 절을 짓게 했다.

⑧ 왕비가 왕이 세우게 한 궁전에 살 것이다.

⑨ 상인이 아내에게 상자들 속에 상품들을 두도록 했다.

⑩ 바라문이 붓다의 제자에게 친족들을 훈계하도록 했다.

LESSON 24 -u로 끝나는 여성명사의 격변화

1. -u로 끝나는 여성명사의 격변화

dhenu = 암소, 젖소

		단수	복수
1	주격	dhenu	dhenū, dhenuyo
2	호격	dhenu	dhenū, dhenuyo
3	대격	dhenuṃ	dhenū, dhenuyo
4	구격	dhenuyā	dhenūnhi (dhenūbhi)
5	탈격	dhenuyā	dhenūhi (dhenūbhi)
6	여격	dhenuyā	dhenūnaṃ
7	속격	dhenuyā	dhenūnaṃ
8	처격	dhenuyā, dhenuyaṃ	dhenūsu

2. 유사하게 격변화하는 명사들은 다음과 같다.

yāgu 죽 kāsu 구덩이 vijju 번개 rajju 밧줄 daddu 습진(濕疹)	kaṇeru 암코끼리 dhātu 요소, 계(界), 유골, 사리(舍利) sassu 시어머니, 장모 vadhū ① 며느리, 주부, ② 젊은 아내

3. 어휘 - 동사

thaketi 덮다, 닫다 nāseti ① 파괴하다, 죽이다, ② 쫓아내다, 추방하다	vibhajati 나누다, 분석하다 bhañjati 부수다, 파괴하다 māpeti 창작하다, 짓다, 건설하다

sammajjati 쓸다, 닦다, 청소하다 obhāseti 빛나게 하다, 밝게 하다 bhajati ① 교제하다, ② 봉사하다 bandhati 묶다, 속박하다	vihiṃsati 해치다 chaḍḍeti 던지다, 버리다 pattharati 펴지다, 확장되다

▸▹▸▹ 연습문제 24 ◃◂◃◂

4. 우리말로 번역하시오.

① Vadhū sassuyā dhenuṃ rajjuyā bandhitvā khettaṃ nesi.

② Ammā yāguṃ pacitvā dārakānaṃ datvā mañce nisīdi.

③ Yuvatiyā hatthesu ca aṅgulīsu ca daddu atthi.

④ Mayaṃ aṭaviyaṃ carantiyo kaṇeruyo apassimha.

⑤ Itthī yuvatiyā bhattaṃ pacāpetvā dārikānaṃ thokaṃ thokaṃ[54] vibhaji.

⑥ Tumhe vijjuyā ālokena guhāyam sayantam sīhaṃ passittha.

⑦ Yuvatiyā hatthesu kumārehi dinnā mālāyo santi.

⑧ Vadhū khette kāsūsu patitāni phalāni saṃhari.

⑨ Brāhmaṇo Buddhassa dhātuyo vibhajitvā bhūpālānaṃ adadi (adāsi).

⑩ Vadhū sassuyā pāde vandi.

⑪ Yuvatiyā gehaṃ sammajjitabbaṃ hoti.

⑫ Devatāyo sakalaṃ[55] vihāraṃ obhāsentiyo Buddhaṃ upasaṅkamiṃsu.

⑬ Aṭavīsu vasantiyo kaṇeruyo sākhāyo bhañjitvā khādanti.

⑭ Ahaṃ rukkhassa chāyāyaṃ nisinnānaṃ dhenūnaṃ ca goṇānaṃ ca tiṇāni adadiṃ (adāsiṃ).

---

54 thokaṃ thokaṃ : 조금씩, 점차로

55 sakalaṃ : sakala의 단수, 대격, '전체의'

⑮ Itthī magge gacchantiṃ ammaṃ passitvā rathamhā oruyha taṃ vanditvā rathasmiṃ āropetvā gehaṃ nesi.

⑯ Vadhū gehassa dvāram thaketvā nahāyituṃ nadiṃ upasaṅkamitvā yuvatīhi saddhiṃ sallapantī nadiyā tīre aṭṭhāsi.

⑰ Bhūpālo manusse vihiṃsante core nāsetvā dīpaṃ pālesi.

⑱ Ammā asappurise bhajamāne putte samaṇehi ovādāpesi.

⑲ Sappurisena kiṇitvā āhaṭehi bhaṇḍehi chaḍḍetabbaṃ natthi.

⑳ Mā tumhe gāme vasante kassake vihiṃsatha.

5. 빨리어로 번역하시오.

① 어머니가 상자 안에 놓인 황금을 갖고서 (그것을) 딸에게 주었다.

② 며느리가 꽃다발들과 과일들로 신들을 공경하였다.

③ 만약 네가 구덩이들을 판다면, 나는 나무들을 심을 것이다.

④ 너희가 밭으로 가고서 곡식을 집으로 가져와라.

⑤ 암코끼리들이 바나나 나무들을 먹으면서 숲에서 어슬렁거린다.

⑥ 내가 카누로 강을 건너고 있는 소녀들을 보았다.

⑦ 아가씨들이 구덩이에 떨어진 가지들을 당겼다.

⑧ 해의 광선들이 세계를 비춘다.

⑨ 자매들이 노래들을 부르면서 목욕하기 위해 저수지로 갔다.

⑩ 여자가 밧줄로 소를 묶고서 밭으로 데려왔다.

⑪ 며느리가 시어머니와 함께 여래의 사리들을 예배하기 위해 아누라다뿌라(Anurādhapura)에 갔다.

⑫ 계와 지혜가 세계에 있는 사람들의 마음들을 비추기를!

LESSON 25 -i로 끝나는 남성명사의 격변화

1. -i로 끝나는 남성명사의 격변화

aggi = 불

		단수	복수
1	주격	aggi	aggī, aggayo
2	호격	aggi	aggī, aggayo
3	대격	aggiṃ	aggī, aggayo
4	구격	agginā	aggīhi (aggībhi)
5	탈격	agginā, aggimhā, aggismā	aggīhi (aggībhi)
6	여격	aggino, aggissa	aggīnaṃ
7	속격	aggino, aggissa	aggīnaṃ
8	처격	aggimhi, aggismiṃ	aggīsu

2. -i로 끝나는 남성명사

muni 성자	vīhi 벼
isi 선인(仙人)	kapi 원숭이
kavi 시인	ahi 뱀
ari 적	dīpi 표범
bhūpati 왕	ravi 해
pati 주인, 지도자, 남편	giri 산
gahapati 가장	maṇi 보석
adhipati 왕, 군주, 우두머리, 지배자, 주권자	asi 칼
atithi 손님	rāsi 더미
vyādhi 병, 질병	pāṇi 손, 손바닥
udadhi 바다, 해양	kucchi 배, 복부(腹部)
nidhi 숨겨진 보물	muṭṭhi 주먹

▸▹▸▹ 연습문제 25 ◃◂◃◂

3. 우리말로 번역하시오.

① Munayo sīlaṃ rakkhantā girimhi guhāsu vasiṃsu.

② Ācariyena saddhiṃ viharanto kavi isi hoti.

③ Bhūpati asinā ariṃ paharitvā māresi.

④ Pati bhariyāya paṭiyāditaṃ odanaṃ bhuñjitvā khettaṃ agami.

⑤ Sappurisā gahapatayo bhariyāhi ca puttehi ca gehesu vasantā sukhaṃ vindanti.

⑥ Nidhiṃ pariyesanto adhipati sahāyakehi saddhiṃ dīpaṃ agacchi.

⑦ Atithīnaṃ odanaṃ pacantī iitthī aggiṃ jālesi.

⑧ Vyādhinā pīḷito naro mañce sayati.

⑨ Gahapati vīhīnaṃ rāsiṃ minanto bhariyāya saddhiṃ kathesi.

⑩ Dārikā girimhā udentaṃ raviṃ olokentī hasanti.

⑪ Bhūpatino muṭṭhimhi maṇayo bhavanti.

⑫ Ari kavino soṇaṃ yaṭṭhiyā paharitvā dhāvi.

⑬ Kavi patinā dinnaṃ maṇiṃ pāṇinā gaṇhi.

⑭ Nāriyo patīhi saddhiṃ udadhiṃ gantvā nahāyituṃ ārabhiṃsu.

⑮ Adhipati atithiṃ khādanīyehi ca bhojanīyehi ca bhojāpesi.

⑯ Bhūpatino kattabbāni kammāni adhipatayo na karissanti.

⑰ Munīhi pariyesitabbaṃ dhammaṃ aham pi uggaṇhituṃ icchāmi.

⑱ Ahaṃ dīpaṃ jāletvā udakena āsittāni padumāni Buddhassa pūjemi.

⑲ Tvaṃ girimhi vasante dīpayo oloketuṃ luddakena saha giriṃ āruhasi.

⑳ Devī parisāya saha sabhāyaṃ nisinnā hoti.

㉑ Gahapatayo pañhe pucchituṃ ākaṅkhamānā isiṃ upasaṅkamiṃsu.

㉒ Gahapatīhi puṭṭho isi pañhe vyākari.

㉓ Nāriyā dhotāni vatthāni gaṇhante kapayo disvā kumārā pāsāṇehi te[56] pahariṃsu.

㉔ Uyyāne āhiṇḍitvā tiṇaṃ khādantiyo gāviyo ca goṇā ca ajā ca aṭaviṃ pavisitvā dīpiṃ disvā bhāyiṃsu.

㉕ Gahapatīhi munayo ca atithayo ca bhojetabbā honti.

㉖ Ammā mañjūsāya pakkhipitvā rakkhite maṇayo dārikāya ca vadhuyā ca adadi (adāsi).

㉗ Yadi tumhe bhūpatiṃ upasankameyyātha mayaṃ rathaṃ paṭiyād essāma.

㉘ Gahapati coraṃ gīvāya gahetvā pādena kucchiṃ pahari.

㉙ Sakuṇehi katāni kulāvakāni[57] mā tumhe bhindatha.

㉚ Gītaṃ gāyantī yuvati gāviṃ upasaṅkamma khīraṃ duhituṃ[58] ārabhi.

㉛ Buddhassa dhātuyo vandituṃ mayaṃ vihāraṃ gamimha.

㉜ Mayaṃ kaññāyo dhammasālaṃ[59] sammajjitvā kilañjāsu[60] nisīditvā dhammaṃ suṇimha.

㉝ Mayaṃ locanehi rūpāni passāma, sotehi[61] saddaṃ[62] suṇāma, jivhāya rasaṃ sādiyāma.[63]

㉞ Te aṭaviyā āhiṇḍantiyo gāviyo rajjūhi bandhitvā khettam ānesuṃ.

㉟ Bhariyā vyādhinā pīḷitassa patino hatthaṃ āmasantī taṃ[64] samassāsesi.[65]

---

56 te : ta의 복수, 대격, '그들을'
57 kulāvakāni : kulāvaka의 복수, 대격, '둥지들을'
58 duhituṃ : duhati (√duh)의 부정사, '젖 짜기'
59 dhammasālaṃ : dhammasālā의 단수, 대격, '법당을'
60 kilañjāsu : kilañjā의 복수, 처격, '방석들 위에'
61 sotehi : sota의 복수, 구격, '귀들로'
62 saddaṃ : sadda의 단수, 대격, '소리를'
63 sādiyāma : sādiyati (√svad)의 현재형, 1인칭, 복수, '우리는 ~즐긴다.'
64 taṃ : ta의 단수, 대격, '그를'
65 samassāsesi : samassāseti (saṃ+ā+√śvas)의 과거시제, '안심시켰다'

㊱ Gahapati atithinā saddhiṃ sallapanto sālāya nisinno hoti.

㊲ Muni saccaṃ adhigantvā manussānaṃ dhammaṃ desetuṃ pabbatamhā oruyha gāme vihāre vasati.

㊳ Rajjuyā bandhitā gāvī tattha tattha[66] āhiṇḍituṃ asakkontī rukkhamūle tiṇaṃ khādati.

㊴ Devī bhūpatinā saddhiṃ rathena gacchantī antarāmagge[67] kasante kassake passi.

㊵ Mā tuhme akusalaṃ karotha, sace kareyyātha sukhaṃ vindituṃ na labhissatha.

4. 빨리어로 번역하시오.

① 남편들이 아내들을 위해 섬에서 보석들을 가져왔다.

② 병들이 세상에 거주하고 있는 사람들을 괴롭힌다.

③ 여자가 땅에 앉고서 통으로 벼를 잰다.

④ 악을 행하고 있는 가장들이 선인들을 예배하지 않는다.

⑤ 만약 너희가 숨겨진 보물을 판다면, 보석들을 얻을 것이다.

⑥ 내가 아내에 의해 세탁되어야 할 옷들을 세탁했다.

⑦ 우리가 어머니에 의해 준비된 죽을 마셨다.

⑧ 네가 도시로부터 오고 있는 손님들에게 밥과 죽을 요리하기 위해 불을 켠다.

⑨ 가장이 집으로 들어간 도둑을 칼로 때렸다.

⑩ 소녀가 나무의 그늘에 서 있는 소들에게 풀을 주었다.

⑪ 원숭이들은 나무들 위에서 거닐고, 사자들은 동굴들에서 자고, 뱀들은 땅 위에서 거닌다.

---

66 tattha tattha : 여기저기로, 여기저기에 = tatra tatra

67 antarāmagge : antarāmagga의 단수, 처격, '~가는 길에', '도중에'

⑫ 만약 너희가 도시에서 상품들을 사서 가져온다면, 나는 그것들을 농부들에게 팔 것이다.

⑬ 나쁜 사람이여! 만약 네가 선을 행하면 너는 행복을 경험할 것이다.

⑭ 어머니의 집에 있는 상자들 속에 보석들과 황금이 있다.

⑮ 선인이 땅에 앉아 있는 왕의 회중에게 법을 설했다.

⑯ 사문들과 선인들과 시인들이 착한 사람들에 의해 예배된다.

⑰ 우리가 지도자에 의해 보호되는 숨겨진 보물을 얻을 것이다.

⑱ 너희는 공원에 심어진 나무들의 가지들을 자르지 마라.

⑲ 새장에서 풀려난 새들이 하늘로 날았다.

⑳ 우리가 초능력으로 강을 건너고 있는 선인들을 보지 않았다.

LESSON
26 -ī로 끝나는 남성명사의 격변화

1. -ī로 끝나는 남성명사의 격변화

pakkhī = 새

		단수	복수
1	주격	pakkhī	pakkhī, pakkhino
2	호격	pakkhī	pakkhī, pakkhino
3	대격	pakkhinaṃ, pakkhiṃ	pakkhī, pakkhino
4	구격	pakkhinā	pakkhīhi (pakkhībhi)
5	탈격	pakkhinā, pakkhimhā, pakkhismā	pakkhīhi (pakkhībhi)
6	여격	pakkhino, pakkhissa	pakkhīnaṃ
7	속격	pakkhino, pakkhissa	pakkhīnaṃ
8	처격	pakkhini, pakkhimhi, pakkhismiṃ	pakkhīsu

이 격변화는 오직 주격, 호격, 대격에서만 aggi의 격변화와 다를 뿐이라는 점을 주의해야 한다. 나머지 격변화는 일치하지만, 유일한 예외는 처격 단수에서의 pakkhini이다. 왜냐하면 aggi의 격변화에는 상응하는 형태가 없기 때문이다.

2. -ī로 끝나는 남성명사

hatthī, karī 코끼리	dāṭhī 상아나 어금니를 지닌 동물(코끼리 등)[68]
sāmī 남편, 주인, 지배자	dīghajīvī 긴 수명을 가진 자
seṭṭhī 무역상, 재무관, 백만장자, 거상(巨商)	balī 힘센 사람
	vaḍḍhakī 목수, 건축가

sukhī 행복한 사람	sārathī 마부, 조어자(調御者)
mantī 장관, 고문(顧問)	kuṭṭhī 나병환자, 문둥이
sikhī 공작(孔雀)	pāpakārī 악을 행하는 자
pāṇī 생명(= pāṇa)	

▸▹▸▹ 연습문제 26 ◃◂◃◂

3. 우리말로 번역하시오.

① Pakkhī gāyanto sākhāyaṃ nisīdati.

② Gāviṃ rajjuyā muñcamānā ammā khette ṭhitā hoti.

③ Kaññāyo sabhāyaṃ naccantiyo gāyiṃsu.

④ Seṭṭhī mahantaṃ[69] dhanaṃ vissajjetvā samaṇānaṃ vihāraṃ kārāpesi.

⑤ Hatthino ca kaṇeruyo ca aṭaviyaṃ āhiṇḍanti.

⑥ Pāpakārī pāpāni paṭicchādetvā sappuriso viya[70] sabhāyaṃ nisinno seṭṭhinā saddhiṃ kathesi.

⑦ Sappurisā dīghajīvino hontu, puttā sukhino bhavantu.

⑧ Vāṇijo nagaramhā bhaṇḍāni kiṇitvā piṭakesu pakkhipitvā rajjuyā bandhitvā āpaṇaṃ pesesi.

⑨ Sārathinā āhaṭe rathe vaḍḍhakī nisinno hoti.

⑩ Sabbe[71] pāṇino dīghajīvino na bhavanti (honti).

⑪ Ammā vaḍḍhakinā gehaṃ kārāpetvā dārikāhi saha tattha[72] vasi.

⑫ Mayaṃ maṇayo vatthena veṭhetvā mañjūsāyaṃ nikkhipitvā bhariyānaṃ

68 dāṭhī는 형용사로 쓰이면 '상아나 어금니를 지닌'이란 뜻이고, 명사로 쓰이면 '상아나 어금니를 지닌 동물'을 뜻한다.

69 mahantaṃ : mahanta의 단수, 대격, '많은'

70 viya : ~같이, ~처럼

71 sabbe : sabba의 복수, 주격, '모든'

72 tattha : 거기에

pesayimha.

⑬ Muni pāpakāriṃ pakkosāpetvā dhammaṃ desetvā ovadi.

⑭ Balinā bhūpatino dinnaṃ kariṃ oloketuṃ tumhe sannipatittha.

⑮ Ahaṃ seṭṭhī kuṭṭhiṃ pakkosāpetvā bhojanaṃ[73] dāpesiṃ.

⑯ Sace girimhi sikhino vasanti, te[74] passituṃ ahaṃ giriṃ āruhituṃ ussahissāmi.

⑰ Bhūpati sappuriso abhavi (ahosi), mantino pāpakārino abhaviṃsu (ahesuṃ).

⑱ Balinā kārāpitesu pāsādesu seṭṭhino puttā na vasiṃsu.

⑲ Sabbe pāṇino sukhaṃ pariyesamānā jīvanti, kammāni karonti.

⑳ Sāmī maṇayo ca suvaṇṇaṃ ca kiṇitvā bhariyāya adadi (adāsi).

㉑ Asanisaddaṃ[75] sutvā girimhi sikhino naccituṃ ārabhiṃsu.

㉒ Mā balino pāpakārī hontu (bhavantu).

㉓ Sappurisā kusalaṃ karontā manussehi puññaṃ kārentā, sukhino bhavanti.

㉔ Kavi asinā ariṃ pahari, kaviṃ paharituṃ asakkonto ari kuddho ahosi.

㉕ Kapayo rukkhesu carantā pupphāni ca chindiṃsu.

4. 빨리어로 번역하시오.

① 코끼리들이 악을 행하는 자인 사냥꾼에 의해 쫓겨서 숲에서 도망갔다.

② 나병환자가 남편에 의해 주어진 옷들을 가졌다.

③ 숲에 살고 있는 표범들이 동굴들에 살고 있는 사자들을 두려워하지 않는다.

---

73 bhojanaṃ : bhojana의 단수, 대격, '음식을'

74 te : ta의 복수, 대격, '그들을'

75 asanisaddaṃ : asanisadda의 단수, 대격, '벼락소리를'

④ 소년들이 노래를 부르면서 강당에서 소녀들과 함께 춤췄다.

⑤ 어머니들이 딸들과 함께 꽃제단에 연꽃들을 퍼트렸다.

⑥ 만약 소년들이 술을 마신다면, 소녀들은 화내고서 노래하지 않을 것이다.

⑦ 농부가 밭에서 풀을 먹고 있는 소들을 괴롭히고 있는 악을 행하는 자에게 화냈다.

⑧ 재무관이 목수에게 아들들을 위해 저택을 짓도록 했다.

⑨ 신들이 법대로(정의롭게) 섬을 보호하고 있는 착한 사람인 왕을 보호하소서!

⑩ 모든 생명들이 긴 수명을 지닌 자들과 행복한 자들이 되기를!

LESSON 27 -u와 -ū로 끝나는 남성명사의 격변화

1. -u로 끝나는 남성명사의 격변화

garu = 스승

		단수	복수
1	주격	garu	garū, garavo
2	호격	garu	garū, garavo
3	대격	garuṃ	garū, garavo
4	구격	garunā	garūhi (garūbhi)
5	탈격	garunā	garūhi (garūbhi)
6	여격	garuno, garussa	garūnaṃ
7	속격	garuno, garussa	garūnaṃ
8	처격	garumhi, garusmiṃ	garūsu

2. -u로 끝나는 남성명사

bhikkhu 비구(比丘)	ākhu 쥐
bandhu 친척, 친족	ucchu 사탕수수
taru 나무	veḷu 대나무
bāhu 팔	kaṭacchu 국자, 수저
sindhu 바다, 해양	sattu 적
pharasu 도끼	setu 다리
pasu 동물, 짐승, 가축	ketu 깃발
	susu 어린이, 소년, 새끼

3. -ū로 끝나는 남성명사의 격변화

vidū = 지혜로운 사람

		단수	복수
1	주격	vidū	vidū, viduno
2	호격	vidū	vidū, viduno
3	대격	viduṃ	vidū, viduno

나머지 격들은 garu의 격변화와 유사하다.

4. -ū로 끝나는 남성명사

pabhū 군주, 통치자, 지배자 sabbaññū 모든 것을 아는 사람, 전지자(全知者)[76] viññū 지혜로운 사람, 현자[77]	vadaññū 친절한 사람, 박애주의자[78] atthaññū 의로움을 아는 사람, 이치를 아는 사람[79] mattaññū 적당함을 아는 사람, 바라는 것이 적은 사람[80]

▸▹▸▹ 연습문제 27 ◃◂◃◂

5. 우리말로 번역하시오.

① Bhikkhavo Tathāgatassa sāvakā honti.

② Bandhavo ammaṃ passituṃ nagaramhā gāmaṃ āgamiṃsu.

③ Coro āraññe taravo chindituṃ pharasuṃ ādāya gacchi (agami).

④ Sīhā ca dīpayo ca aṭaviyaṃ vasante pasavo māretvā khādanti.

76 sabbaññū가 형용사로 쓰이면, '모든 것을 아는'의 뜻이다.
77 viññū가 형용사로 쓰이면, '지혜로운', '현명한'의 뜻이다.
78 vadaññū가 형용사로 쓰이면, '아낌없이 베푸는', '인심 좋은'의 뜻이다.
79 atthaññū가 형용사로 쓰이면, '의로움을 아는', '이치를 아는'의 뜻이다.
80 mattaññū가 형용사로 쓰이면, '분량이나 한계를 아는', '적당한'의 뜻이다.

⑤ Sappurisā viññuno bhavanti.

⑥ Bhūpati mantīhi saddhiṃ sindhuṃ taritvā sattavo paharitvā jinituṃ ussahi.

⑦ Ammā kaṭacchunā dārikaṃ odanaṃ bhojāpesi.

⑧ Hatthino ca kaṇeruyo ca ucchavo ākaḍḍhitvā khādiṃsu.

⑨ Bhūpatissa mantino sattūnaṃ ketavo āhariṃsu.

⑩ Setumhi nisinno bandhu taruno sākhaṃ hatthena ākaḍḍhi.

⑪ Uyyāne ropitesu veḷūsu pakkhino nisīditvā gāyanti.

⑫ Sace pabhuno atthaññū honti manussā sukhino gāme viharituṃ sakkonti.

⑬ Sabbaññū Tathāgato dhammena manusse anusāsati.

⑭ Mattaññū sappurisā dīghajīvino ca sukhino ca bhaveyyuṃ.

⑮ Viññūhi anusāsitā mayaṃ kumārā sappurisā bhavituṃ ussahimha.

⑯ Mayaṃ ravino ālokena ākāse uḍḍente pakkhino passituṃ sakkoma.

⑰ Tumhe pabhuno hutvā dhammena jīvituṃ vāyameyyātha.

⑱ Ahaṃ dhammaṃ desentaṃ bhikkhuṃ jānāmi.

⑲ Ahayo ākhavo khādantā aṭaviyā vammikesu[81] vasanti.

⑳ Vanitāya sassu bhaginiyā ucchavo ca padumāni ca adadi (adāsi).

6. 빨리어로 번역하시오.

① 적이 다리를 건너고서 섬에 들어갔다.

② 너희는 도끼들로 대나무들을 자르지 말고 톱들로 잘라라.

③ 왕들의 대신들이 다리와 나무들 위에 깃발들을 묶었다.

④ 짐승들이 쥐들로 새끼들을 먹였다.

⑤ 지혜로운 사람들이 군주들이 되었다.

⑥ 비구가 섬을 보호하고 있는 왕의 친척이었다.

---

81 vammikesu : vammika의 복수, 처격, '개미집들에'

⑦ 적에 의해 베인 나무들이 바다에 떨어졌다.

⑧ 어머니가 소녀를 물려고 시도하고 있는 개를 주먹으로 때렸다.

⑨ 왕들이 섬에 살고 있는 사문들, 바라문들, 사람들, 짐승들을 보호한다.

⑩ 어머니의 자매가 대나무로 쥐를 죽였다.

⑪ 스승이 상아나 어금니를 지닌 동물들의 새끼들에게 사탕수수를 보냈다.

⑫ 남편이 집으로 들어가려고 시도하고 있는 원숭이를 보고서 문을 닫았다.

LESSON 28 동작주 명사와 친족 관계를 나타내는 명사의 격변화

1. -u와 -ar로 끝나는 남성명사의 격변화

일부 남성명사들은 -u와 -ar로 끝나는 두 개의 어간(語幹, stem)을 가지고 있다. 이들은 동작주나 친족 관계를 나타낸다.

satthu, satthar = 스승

		단수	복수
1	주격	satthā	satthāro
2	호격	satthā, sattha	satthāro
3	대격	satthāraṃ	satthāro
4	구격	satthārā	satthārehi, satthūhi
5	탈격	satthārā	satthārehi, satthūhi
6	여격	satthu, satthuno, satthussa	satthārānaṃ, satthūnaṃ
7	속격	satthu, satthuno, satthussa	satthārānaṃ, satthūnaṃ
8	처격	satthari	satthāresu, satthūsu

2. 유사하게 격변화하는 단어들은 다음과 같다.

kattu 행위자	jetu 승리자
gantu 가는 자	vinetu 훈도하는 사람, 교사
sotu 듣는 자	viññātu 아는 자
dātu 주는 자, 베푸는 자	bhattu 남편
netu 지도자	nattu 손자
vattu 말하는 자	

비록 bhattu(남편)와 nattu(손자)가 친족 관계를 나타내는 명사이기는 해도, 산스끄리뜨어와 마찬가지로 이들의 격은 satthā(스승)와 같은 동작주 명사(agent noun)[82]처럼 격변화한다.

3. pitu(아버지)와 bhātu(형제)와 같이 친족 관계를 나타내는 남성명사들은 다음과 같이 다소 다르게 격변화한다.

pitu, pitar = 아버지

		단수	복수
1	주격	pitā	pitaro
2	호격	pitā, pita	pitaro
3	대격	pitaraṃ	pitaro
4	구격	pitarā	pitarehi, pitūhi
5	탈격	pitarā	pitarehi, pitūhi
6	여격	pitu, pituno	pitarānaṃ
7	속격	pitussa	pitūnaṃ
8	처격	pitari	pitaresu, pitūsu

bhātu, bhātar = 형제

		단수	복수
1	주격	bhātā	bhātaro
2	호격	bhātā, bhāta	bhātaro
3	대격	bhātaraṃ	bhātaro
4	구격	bhātarā	bhātarehi, bhātūhi

82 동작주 명사(agent noun)는 영어의 worker, elevator, opener 등과 같이 어떤 행위를 하는 사람·사물을 나타내는 명사들을 말한다.

		단수	복수
5	탈격	bhātarā	bhātarehi, bhātūhi
6	여격	bhātu, bhātuno	bhātarānaṃ
7	속격	bhātussa	bhātūnaṃ
8	처격	bhātari	bhātaresu, bhātūsu

4. 친족 관계를 나타내는 여성명사도 다음과 같이 격변화한다.

mātu, matar = 어머니

		단수	복수
1	주격	mātā	mātaro
2	호격	mātā, māta, māte	mātaro
3	대격	mātaraṃ	mātaro
4	구격	mātarā, mātuyā	mātarehi, mātūhi
5	탈격	mātarā, mātuyā	mātarehi, mātūhi
6	여격	mātu, mātuyā, mātāya	mātarānaṃ, mātūnaṃ, mātānaṃ
7	속격	mātu, mātuyā, mātāya	mātarānaṃ, mātūnaṃ, mātānaṃ
8	처격	mātari, mātuyā, mātuyaṃ	mātaresu, mātūsu

dhītu, duhitu(딸)도 동일하게 격변화한다.

▸▹▸▹ 연습문제 28 ◃◂◃◂

5. 우리말로 번역하시오.

① Satthā bhikkhūnaṃ dhammaṃ desento rukkhassa chāyāya nisinno hoti.

② Puññāni kattāro bhikkhūnaṃ ca tāpasānaṃ ca dānaṃ denti.[83]

③ Sace satthā dhammaṃ deseyya viññātāro bhavissanti.

④ Bhūpati dīpasmiṃ jetā[84] bhavatu.

⑤ Pitā dhītaraṃ ādāya vihāraṃ gantvā satthāraṃ vandapesi.

⑥ Viññātāro loke manussānaṃ netāro hontu (bhavantu).

⑦ Bhātā pitarā saddhiṃ mātuyā pacitaṃ yāguṃ bhuñji.

⑧ Bhattā nattārehi saha kīḷantaṃ kapiṃ disvā hasanto aṭṭhāsi.[85]

⑨ Setuṃ kattāro veḷavo bandhitvā nadiyā tīre ṭhapesuṃ.

⑩ Sindhuṃ taritvā dīpaṃ gantāro sattūhi hatā honti.

⑪ Bhariyā bhattu sāṭake rajakena dhovāpesi.

⑫ Netuno kathaṃ sotāro uyyāne nisinnā suriyena pīḷitā honti.

⑬ Dātārehi dinnāni vatthāni yācakehi na vikkiṇitabbāni honti.

⑭ Rodantassa nattussa kujjhitvā vanitā taṃ[86] hatthena pahari.

⑮ Vinetuno ovādaṃ[87] sutvā bandhavo sappurisā abhaviṃsu (ahesuṃ).

⑯ Gehesu ca aṭavīsu ca vasante ākhavo ahayo khādanti.

⑰ Nattā mātaraṃ yāguṃ yācanto bhūmiyaṃ patitvā rodati.

⑱ Tumhe bhātarānaṃ ca bhaginīnaṃ ca mā kujjhatha.

⑲ Dīpaṃ gantārehi nāvāya sindhu taritabbo hoti.

⑳ Pubbakā[88] isayo mantānaṃ[89] kattāro ca mantānaṃ pavattāro[90] ca abhaviṃsu (ahesuṃ).

㉑ Mattaññū dātā nattārānaṃ thokaṃ thokaṃ modake[91] dadiṃsu (adaṃsu).

---

83 dānaṃ denti를 직역하면 '시물을 주다'이며, 의역하면 '보시하다'이다.

84 jetā : jetu의 단수, 주격

85 aṭṭhāsi : tiṭṭhati (√sthā)의 과거시제, '섰다'

86 taṃ : ta의 단수, 대격, '그를'

87 ovādaṃ : ovāda의 단수, 대격, '충고를'

88 pubbakā : pubbaka의 복수, 주격, '과거의'

89 mantānaṃ : manta의 복수, 대격, '주문들을'

90 pavattāro : pavattar의 복수, 주격, '설명하는 사람들'

91 modake : modaka의 복수, 대격, '사탕과자들을'

㉒ Atthaññū netaro manusse sappurise karontā vinetāro bhavanti.

㉓ Mātā dhītaraṃ ovadantī sīsaṃ[92] cumbitvā[93] bāhuṃ āmasitvā samassāsesi.

㉔ Vadaññū brāhmaṇo khudāya pīḷente yācake disvā pahūtaṃ[94] bhojanaṃ[95] dāpesi.

㉕ Sārathinā āhaṭe veḷavo gahetvā vaḍḍhakī sālaṃ māpesi.

6. 빨리어로 번역하시오.

① 아버지와 어머니가 자매를 보기 위해 형제와 함께 갔다.

② 악을 행하는 자들이 행복한 사람들과 긴 수명을 가진 사람들이 되지 못할 것이다.

③ 왕이 회중과 함께 승리자들이 되기를!

④ 어머니의 형제가 삼촌이다.

⑤ 형제들의 적들이 나무들 위와 대나무들 위에 깃발들을 묶었다.

⑥ 건축가가 손자들에게 대나무들을 주었다.

⑦ 형제가 국자로 딸에게 밥을 주었다.

⑧ 붓다는 신들과 사람들의 스승이다.

⑨ 너희가 진리를 말하는 자들이 되기를!

⑩ 착한 사람들인 남편들이 신들처럼 아내들에게 연민한다.

⑪ 착한 사람들이 섬을 보호하기 위해 힘센 대신들이 되기를!

⑫ 힘센 왕들이 승리자들이었다.

---

92 sīsaṃ : sīsa의 단수, 대격, '머리를'

93 cumbitvā : cumbati (√cumb)의 연속체, '키스하고서'

94 pahūtaṃ : pahūta의 단수, 대격, '많은'

95 bhojanaṃ : bhojana의 단수, 대격, '음식을'

LESSON 29 -i와 -u로 끝나는 중성명사의 격변화

1. -i와 -u로 끝나는 중성명사의 격변화

aṭṭhi = ① 뼈, ② 종자, 씨앗

		단수	복수
1	주격	aṭṭhi	aṭṭhī, aṭṭhīni
2	호격	aṭṭhi	aṭṭhī, aṭṭhīni
3	대격	aṭṭhiṃ	aṭṭhī, aṭṭhīni
4	구격	aṭṭhinā	aṭṭhīhi (aṭṭhībhi)
5	탈격	aṭṭhinā	aṭṭhīhi (aṭṭhībhi)
6	여격	aṭṭhino, aṭṭhissa	aṭṭhīnaṃ
7	속격	aṭṭhino, aṭṭhissa	aṭṭhīnaṃ
8	처격	aṭṭhini, aṭṭhimhi, aṭṭhismiṃ	aṭṭhīsu

이 격변화는 주격과 호격과 대격을 제외하면 aggi의 격변화와 유사하다.

2. -i로 끝나는 중성명사

akkhi 눈	vāri 물
acci 불꽃, 화염, 광선	satthi 넓적다리
dadhi 커드(curd), 타락(駝酪)	sappi 버터

3. -u로 끝나는 중성명사의 격변화

cakkhu = 눈

		단수	복수
1	주격	cakkhu	cakkhū, cakkhūni
2	호격	cakkhu	cakkhū, cakkhūni
3	대격	cakkhuṃ	cakkhū, cakkhūni

나머지 격들은 garu의 격변화와 유사하다.

4. -u로 끝나는 중성명사

dhanu 활	dāru ① 목재, ② 장작
madhu 꿀, 벌꿀	ambu 물
assu 눈물	vasu 재산, 부(富)
jāṇu, jaṇṇu 무릎	vatthu 사물, 대상, 이유, 근거, 이야기, 위치, 지점, 기초, 토대, 토지

5. 어휘 - 동사

anukampati 동정하다, 연민하다	parājeti 패배시키다
vāceti 가르치다[96]	anugacchati 따라가다, 수행하다, 추적하다
samijjhati ① 성취하다, 성공하다, ② 번영하다	pattheti 원하다, 희망하다, 갈망하다
pabbajati 출가하다	sammisseti 뒤섞다, 혼합하다
vippakirati 흩뿌리다, 혼란시키다, 파괴하다 (과거분사 : vippakiṇṇa)	pavatteti ① 굴리다, 돌리다, ② 진행시키다, 계속하다, ③ 행동하다
	(assūni) pavatteti 눈물들을 흘리다
	vibhajati 나누다, 분석하다

---

96 글자 그대로 '말하게 하다'라는 의미의 사역동사인 'vāceti'가 어떻게 '가르치다'라는 뜻이 되었는지 알아보는 것도 흥미로울 것이다. 고대 인도에서 교습은 대부분 기계적인 암기를

6. 우리말로 번역하시오.

① Gehaṃ pavisantaṃ ahiṃ disvā kaññā bhāyitvā assūni pavattentī roditum ārabhi.

② Dīpinā hatāya gāviyā aṭṭhīni bhūmiyaṃ vippakiṇṇāni honti.

③ Nadiyā[97] vārinā vatthāni dhovanto pitā nahāpetuṃ puttaṃ pakkosi.

④ Tvaṃ sappinā ca madhunā ca sammissetvā odanaṃ bhuñjissasi.

⑤ Mayaṃ khīramha dadhiṃ labhāma.

⑥ Bhikkhu dīpassa acciṃ olokento aniccasaññaṃ[98] vaḍḍhento[99] nisīdi.

⑦ Pāpakāri luddako dhanuṃ ca sare ca ādāya aṭaviṃ paviṭṭho.

⑧ Sattu amaccassa satthiṃ asīnā paharitvā aṭṭhiṃ chindi.

⑨ Ahaṃ sappinā pacitaṃ odanaṃ madhunā bhuñjituṃ na icchāmi.

⑩ Nattā hatthehi ca jaṇṇūhi ca gacchantaṃ yācakaṃ disvā anukampamāno bhojanaṃ ca vatthaṃ ca dāpesi.

⑪ Dārūni saṃharantiyo itthiyo aṭaviyaṃ āhiṇḍantī gāyiṃsu.

⑫ Ambūmhi jātāni padumāni na ambunā upalittāni[100] honti.

⑬ Manussā nānākammāni[101] katvā vasuṃ saṃharitvā puttadāre[102] posetuṃ ussahanti.

⑭ Bhattā mātuyā akkhīsu assūni disvā bhariyāya kujjhi.

통해서 이루어졌다. 스승은 제자들로 하여금 자신을 따라서 복창하도록 하고 제자들이 암기한 것을 암송해보도록 시켰다. 이와 같이 스승이 제자들을 말하게 하는 데에서 '가르친다'라는 뜻으로 전이되었던 것이다.

97 이 문장에서 nadiyā는 nadī의 단수, 속격과 단수, 처격의 두 가지 해석이 모두 가능하다.

98 aniccasaññaṃ : aniccasañña의 단수, 대격, '무상의 인식을'

99 vaḍḍhento : vaḍḍheti(√vṛdh)의 현재분사, 남성, 단수, 주격, '계발하면서'

100 upalittāni : upalitta의 복수, 주격, '더럽혀지지 않는'. upalitta는 upalimpati (upa+√lip)의 과거분사

101 nānākammāni : nānākamma의 복수, 대격, '다양한 일들을'

102 puttadāre : puttadāra의 복수, 대격, '처자식들을'

⑮ Pitā khettavatthūni puttānaṃ ca nattārānaṃ ca vibhajitvā vihāraṃ gantvā pabbaji.

⑯ Pakkhīhi khāditānaṃ phalānaṃ aṭṭhīni rukkhamūle patitāni honti.

⑰ Ācariyo sissānaṃ[103] sippaṃ[104] vācento te anukampamāno dhammena jīvituṃ anusāsi.

⑱ Bodhisatto samaṇo māraṃ[105] parājetvā Buddho bhavi (ahosi).

⑲ Buddhaṃ passitvā dhammaṃ sotuṃ patthentā narā dhammaṃ carituṃ vāyamanti.

⑳ Sace sappurisānaṃ sabbā patthanā[106] samijjheyyuṃ manussā loke sukhaṃ vindeyyuṃ.

㉑ Vyādhinā pīḷitā mātā assūni pavattentī dhītuyā gehaṃ agantvā mañce sayitvā yāguṃ yāci.

㉒ Mātaraṃ anukampamānā dhītā khippaṃ[107] yāguṃ paṭiyādetvā mātuyā mukhaṃ[108] dhovitvā yāguṃ pāyesi.

㉓ Pitarā puṭṭhaṃ pañhaṃ bhattā sammā[109] vibhajitvā upamāya[110] atthaṃ vyākari (vyākāsi).

㉔ Luddako aṭaviyā bhūmiyaṃ dhaññaṃ vippakiritvā mige palobhetvā[111] māretuṃ ussahi.

㉕ Dhaññaṃ khādantā migā āgacchantaṃ luddakaṃ disvā vegena[112] dhāvimsu.

---

103 sissānaṃ : sissa의 복수, 여격, '학생들에게'
104 sippaṃ : sippa의 단수, 대격, '기술을'
105 māraṃ : māra의 단수, 대격, '마라를'
106 patthanā : patthanā의 복수, 주격. '열망들이'
107 khippaṃ : 빠르게, 재빠르게, 곧바로
108 mukhaṃ : mukha의 단수, 대격, '얼굴을'
109 sammā : 바르게, 잘, 제대로
110 upamāya : upamā의 단수, 구격, '비유로'
111 palobhetvā : palobheti (pra + √lubh)의 연속체, '유혹하고서'
112 vegena : vega의 단수, 구격으로 '신속하게, 재빠르게'라는 뜻을 나타내는 부사이다.

7. 빨리어로 번역하시오.

① 그가 숲속에서 표범에 의해 죽은 동물들의 뼈들을 보았다.

② 너희가 강물로 목욕할 것이다.

③ 아가씨인 딸의 눈들 속에 눈물들이 있다.

④ 농부가 버터와 커드를 상인들에게 판다.

⑤ 등들의 불꽃들이 바람에 의해 춤췄다.

⑥ 적의 발들에 습진이 있다.

⑦ 꿀벌이 꽃들을 해치지 않으면서 꽃들로부터 꿀을 모은다.

⑧ 숲으로부터 목재들을 가져오고 있는 여자가 강에 빠졌다.

⑨ 사람들이 밭들과 공원들에 나무들을 심고서 재산 모으기를 시도한다.

⑩ 남편이 아내를 위해 도시로부터 보석을 가져왔다.

LESSON 30 -vantu와 -mantu로 끝나는 형용사의 격변화

1. -vantu와 -mantu로 끝나는 형용사의 격변화

-vantu와 -mantu로 끝나는 한정 형용사(attributive adjective)는 세 가지 성에서 모두 격변화한다. 그리고 수식하는 명사들의 성 · 수 · 격과 일치한다.[113]

(남성)

guṇavantu = 덕 있는, 덕을 지닌

		단수	복수
1	주격	guṇavā, guṇavanto	guṇavanto, guṇavantā
2	호격	guṇavā, guṇava, guṇavanta	guṇavanto, guṇavantā
3	대격	guṇavantaṃ	guṇavanto, guṇavante
4	구격	guṇavatā, guṇavantena	guṇavantehi (guṇavantebhi)
5	탈격	guṇavatā, guṇavantamhā, guṇavantasmā	guṇavantehi (guṇavantebhi)
6	여격	guṇavato, guṇavantassa	guṇavataṃ, guṇavantānaṃ
7	속격	guṇavato, guṇavantassa	guṇavantaṃ, guṇavantānaṃ
8	처격	guṇavati, guṇavante, guṇavantamhi, guṇavantasmiṃ	guṇavantesu

113 -vat와 -mant는 -vantu와 -mantu와 같으며, '구비한'이나 '가진'이란 뜻을 나타낸다. 기본적으로 그 뒤에 수식어가 오면 형용사의 역할을 하며, 단독으로 사용되면 명사의 역할을 한다.

(이러한 격변화는 -nta로 끝나는 현재분사 남성의 격변화와 유사한 점을 주의해야 한다.) -mantu로 끝나는 형용사의 격변화는 cakkhumā, cakkhumanto 등과 같다.

(중성)

ojavantu = 영양이 풍부한

		단수	복수
1	주격	ojavantaṃ	ojavanāni
2	대격	ojavantaṃ	ojavantāni

나머지 격들은 -vantu와 -mantu로 끝나는 남성·형용사의 격변화와 유사하다.

(여성)

guṇavatī, guṇavantī와 cakkhumatī, cakkhumantī는 -vantu와 -mantu로 끝나는 형용사의 여성이다. 그 격변화는 -ī로 끝나는 여성명사인 kumārī의 격변화와 같다.

2. -vantu와 -mantu로 끝나는 형용사

dhanavantu 재산을 지닌, 부유한
Bhagavantu 행운을 지닌, 복자(福者), 세존(世尊)
yasavantu 명망을 지닌, 유명한
kulavantu 좋은 가문의
sotavantu 귀를 지닌, 귀 기울이는
sīlavantu 계를 지닌, 도덕적인
saddhāvantu 믿음을 지닌
satimantu 깨어 있는, 마음 챙기는, 유념하는, 알아차리는
bandhumantu 친척을 지닌, 친척이 많은
cakkhumantu 눈을 지닌, 통찰력 있는, 지혜로운
balavantu 힘을 지닌, 힘센, 강력한
paññavantu 지혜를 지닌, 지혜로운, 현명한
puññavantu 공덕을 지닌, 복된, 행운의
phalavantu 과일을 지닌, 열매가 풍부한
himavantu 눈을 가진, 히말라야
vaṇṇavantu 미모의, 아름다운
bhānumantu 빛나는, 밝은, 태양, 해
buddhimantu 현명한, 지적인

▸▹▸▹ 연습문제 30 ◃◂◃◂

3. 우리말로 번역하시오.

① Balavantehi bhūpatīhi arayo parājitā honti.

② Mayaṃ cakkhūhi bhānumantassa suriyassa rasmiyo oloketuṃ na sakkoma.

③ Bhikkhavo Bhagavatā desitaṃ dhammaṃ sutvā satimantā[114] bhavituṃ vāyamiṃsu.

④ Sīlavantā upāsakā Bhagavantaṃ vanditvā dhammaṃ sutvā satimantā bhavituṃ vāyamiṃsu.

⑤ Paññavantehi[115] icchitaṃ patthitaṃ samijjhissati.

⑥ Kulavato bhātā Bhagavatā saha mantento bhūmiyaṃ pattharitāya kilañjāyaṃ[116] nisinno ahosi.

⑦ Phalavantesu tarūsu nisinnā pakkhino phalāni khāditvā aṭṭhīni bhūmiyaṃ pātesuṃ.

⑧ Himavati bahū[117] pasavo ca pakkhī ca uragā[118] ca vasanti.

⑨ Sīlavantā dhammaṃ sutvā cakkhumantā bhavituṃ ussahissanti.

⑩ Guṇavato bandhu sīlavatiṃ[119] pañhaṃ pucchi.

⑪ Guṇavatī yuvati sīlaṃ rakkhantī mātaraṃ posesi.

⑫ Yasavatiyā bandhavo balavanto pabhuno abhaviṃsu.

⑬ Dhanavantassa sappurisassa bhariyā puññavatī ahosi.

⑭ Sīlavantesu vasantā asappurisā pi gunavantā bhaveyyuṃ.

⑮ Sīlavatiyo mātaro putte guṇavante kātuṃ ussahanti.

---

114 satimantā : satimantu의 복수, 주격, '마음 챙기는 자들이'
115 paññavantehi : paññavantu의 복수, 구격, '현자들에 의해'
116 kilañjāyaṃ : kilañjā의 단수, 처격, '방석에'
117 bahū : bahu의 복수, 주격, '많은'
118 uragā : uraga의 복수, 주격, '뱀들이'
119 sīlavatiṃ : sīlavatī의 단수, 대격, '계를 지닌 여자에게'

⑯ Buddhimā puriso pāpaṃ karonte putte anusāsituṃ paññavantaṃ bhikkhuṃ pakkosi.

⑰ Kulavato nattā sīlavatā bhikkhunā[120] dhammaṃ sutvā pasīditvā gehaṃ pahāya bhikkhūsu pabbaji.

⑱ Balavantā pabhuno guṇavanto bhavantu.

⑲ Dhanavantā balavantā kadāci karahaci[121] guṇavantā bhavanti.

⑳ Himavantasmā āgato paññavā isi sīlavatiyā mātuyā uyyāne atithi ahosi.

㉑ Dubbalaṃ[122] sīlavatiṃ itthiṃ disvā anukampamānā dhanavatī taṃ[123] posesi.

㉒ Himavati[124] phalavantā taravo na chinditabbā honti.

㉓ Dhammassa[125] viññātāro yasavantā bhavituṃ na ussahanti.

㉔ Bandhumā balavā hoti, dhanavā bandhumā hoti.

㉕ Sīlavatī rājinī guṇavatīhi itthīhi saddhiṃ sālāyaṃ nisīditvā yasavatiyā kaññāya kathaṃ suṇi.

㉖ Guṇavā puriso rukkhamhā ojavantāni phalāni ocinitvā vihāre vasantānaṃ silavantānaṃ bhikkhūnaṃ vibhaji.

㉗ Balavatiyā rājiniyā amaccā dhammena dīpe manusse pālesuṃ.

㉘ Yasavantiyā nārīnaṃ dhītaro pi yasavantiyo bhavissanti.

㉙ Paññavantiyā yuvatiyā puṭṭho dhanavā pañhaṃ vyākātuṃ asakkonto sabhāyaṃ nisīdi.

㉚ Bhūnumā suriyo manussānaṃ ālokaṃ deti.

---

120 bhikkhunā : bhikkhu의 단수, 탈격, '비구로부터'
121 kadāci karahaci : ① 때때로, 가끔, ② 좀처럼, 거의. 여기서는 ②의 뜻이다.
122 dubbalaṃ : dubbala의 단수, 대격, '연약한'
123 taṃ : ta의 단수, 대격, '그녀를'
124 himavati : himavantu의 단수, 처격, '히말라야에'
125 dhammassa : dhamma의 단수, 속격, '법의'

4. 빨리어로 번역하시오.

① 히말라야에 살고 있는 선인들이 때때로 도시들에 온다.
② 마음 챙기는 비구들이 현명한 우바새들에게 법을 설했다.
③ 공덕을 지닌 사람들은 덕 있는 친구들과 친척들이 있다.
④ 재산을 지닌 상인들이 상품들을 팔면서 마을에서 마을로 간다.
⑤ 덕을 지닌 젊은 여자가 부유한 스승의 아내였다.
⑥ 지혜로운 비구가 강력한 군주에 의해 제기된 질문을 설명했다.
⑦ 덕을 지닌 소녀의 손에 꽃다발들이 있다.
⑧ 부유한 사람들은 유명한 사람들이고, 지혜로운 사람들은 덕을 지닌 사람들이다.
⑨ 너희는 현명하고 덕을 지닌 사람들을 피하지 마라.
⑩ 세존이 강력한 왕에 의해 보호되는 유명한 섬에 거주한다.
⑪ 만약 계를 지닌 비구가 마을에 산다면, 사람들은 덕을 지닌 사람들이 될 것이다.
⑫ 좋은 가문의 사람들이 덕을 지닌 사람들과 현명한 사람들이기를!
⑬ 사람들이 부유한 사람들과 강력한 사람들을 따를 것이다.
⑭ 유명한 왕이 많은 친척들을 가진 강력한 적을 패배시켰다.
⑮ 눈을 지닌 사람들이 빛나는 해를 본다.

LESSON 31 인칭대명사의 격변화

1. 인칭대명사(personal pronoun)의 격변화

1인칭 대명사 amha

		단수	복수
1	주격	ahaṃ = I	mayaṃ, amhe = we
2	대격	maṃ, mamaṃ = me	amhe, amhākaṃ, no = us
3	구격	mayā, me	amhehi, no
4	탈격	mayā	amhehi
5	여격	mama, mayhaṃ, mamaṃ, me	amhaṃ, amhākaṃ, no
6	속격	mama, mayhaṃ, mamaṃ, me	amhaṃ, amhākaṃ, no
7	처격	mayi	amhesu

2. 2인칭 대명사 tumha

		단수	복수
1	주격	tvaṃ, tuvaṃ = you	tumhe = you
2	대격	taṃ, tavaṃ, tuvaṃ	tumhe, tumhākaṃ, vo
3	구격	tvayā, tayā, te	tumhehi, vo
4	탈격	tvayā, tayā	tumhehi, vo
5	여격	tava, tuyhaṃ, te	tumhaṃ, tumhākaṃ, vo
6	속격	tava, tuyhaṃ, te	tumhaṃ, tumhākaṃ, vo
7	처격	tvayi, tayi	tumhesu

▸▹▸▹ 연습문제 31 ◃◂◃◂

3. 우리말로 번역하시오.

① Mama ācariyo maṃ vācento potthakaṃ[126] likhi.[127]

② Mayhaṃ bhaginī gilānaṃ[128] pitaraṃ posesi.

③ Dātāro bhikkhūnaṃ dānaṃ dentā amhe pi bhojāpesuṃ.[129]

④ Tumhākaṃ dhītaro kuhiṃ[130] gamissanti?

⑤ Amhākaṃ dhītaro satthāraṃ namassituṃ Veḷuvanaṃ[131] gamissanti.

⑥ Amhaṃ kammāni karontā dāsā[132] pi sappurisā bhavanti.

⑦ Amhehi katāni puññāni ca pāpāni ca amhe anubandhanti.

⑧ Tayā kītāni bhaṇḍāni tava dhītā mañjūsāsu pakkhipitvā ṭhapesi.

⑨ Kulavantā[133] ca caṇḍālā[134] ca amhesu bhikkhūsu pabbajanti.

⑩ Amhākaṃ uyyāne phalavantesu tarūsu vaṇṇavantā pakkhino caranti.

⑪ Uyyānaṃ agantvā tiṇāni khādantā migā amhe passitvā bhāyitvā aṭaviṃ dhāviṃsu.

⑫ Amhākaṃ bhattāro nāvāya udadhiṃ taritvā dīpaṃ pāpuṇiṃsu.

⑬ Amhaṃ bhūpatayo balavantā jetāro bhavanti.

⑭ Tumhākaṃ nattāro ca mama bhātaro ca sahayakā abhaviṃsu (ahesuṃ).

⑮ Tumhehi āhaṭāni cīvarāni mama mātā bhikkhūnaṃ pūjesi.

⑯ Uyyāne nisinno ahaṃ nattārehi kīḷantaṃ tavaṃ apassiṃ.

---

126 potthakaṃ : potthaka의 단수, 대격, '책을'
127 likhi : likhati (√likh)의 과거시제, '썼다'
128 gilānaṃ : gilāna의 단수, 대격, '병든'
129 bhojāpesuṃ : bhojāpeti (√bhuj)의 과거시제, '식사를 제공했다', '접대했다'
130 kuhiṃ : 어디로?, 어디에?
131 Veḷuvanaṃ : Veḷuvana의 단수, 대격, '웰루와나로'
132 dāsā : dāsa의 복수, 주격, '노예들'
133 kulavantā : kulavantu의 복수, 주격, '좋은 가문의 사람들'
134 caṇḍālā : caṇḍāla의 복수, 주격, '짠달라들'

⑰ Dhaññaṃ minanto ahaṃ tayā saddhiṃ kathetuṃ na sakkomi.

⑱ Ahaṃ tava na kujjhāmi, tvam me kujjhasi.

⑲ Mama dhanavanto bandhavo viññū viduno bhavanti.

⑳ Dīpassa accinā ahaṃ tava chāyaṃ passituṃ sakkomi.

㉑ Amhākaṃ bhūpatayo jetāro hutvā pāsādesu ketavo ussāpesum.[135]

㉒ Bhātuno puttā mama gehe viharantā sippaṃ uggaṇhiṃsu.

㉓ Tava duhitā bhikkhuno ovāde ṭhatvā patino kāruṇikā sakhī[136] ahosi.

㉔ Kusalaṃ karontā netāro saggaṃ gantāro bhavissanti.

㉕ Sace coro gehaṃ pavisati sīsaṃ bhinditvā nāsetabbo hoti.

㉖ Amhākaṃ sattuno hatthesu ca pādesu ca daddu atthi.

㉗ Sīlavantā buddhimantehi saddhiṃ loke manussānaṃ hitasukhāya[137] nānā kammāni karonti.

㉘ Sace susūnaṃ vinetā kāruniko hoti, te sotavantā susavo gunavantā bhavissanti.

㉙ Mayaṃ khīramhā dadhiṃ ca dadhimhā sappiṃ ca labhāma.

㉚ Mayaṃ sappiṃ ca madhuṃ ca sammissetvā bhojanaṃ paṭiyādetvā bhuñjissāma.

4. 빨리어로 번역하시오.

① 우리의 아들들과 손자들이 긴 수명을 가진 사람들과 행복한 사람들이 되기를!

② 나무들이 우리나 너희에 의해 베어져서는 안 된다.

③ 너희의 왕이 대신들과 함께 섬으로 가서 적들을 패배시켰다.

---

135 ussāpesum : ussāpeti (ud + √śri)의 3인칭, 복수, 과거시제, '올렸다'

136 sakhī : 여자친구

137 hitasukhāya : 이익과 행복을 위해

④ 내가 너에 의해 땅에 흩뿌려진 씨앗들을 모았다.
⑤ 우리의 지혜롭고 유명한 스승이 우리에게 법을 가르쳤다.
⑥ 부리로 과일을 따고 있는 새가 너에 의해 목격되었다.
⑦ 나의 손자가 의사가 되기 원한다.
⑧ 너희가 히말라야 산의 동굴들에 살고 있는 선인들을 보았다.
⑨ 우리의 아들들과 딸들이 부유한 사람들과 덕 있는 사람들이 되기를!
⑩ 나의 손자가 너의 제자가 될 것이다.
⑪ 네가 부유한 사람과 유명한 사람이 되기를!
⑫ 꿀벌이 물속에서 태어난 연꽃 위에 서 있다.
⑬ 믿음 깊은 우바새가 좋은 가문의 아가씨에게 꽃을 주었다.
⑭ 유명한 아가씨가 손에 색깔 있는 보석을 갖고 있다.
⑮ 빛나는 해가 세상을 비춘다.

LESSON 32 인칭대명사, 관계대명사, 지시대명사, 의문대명사의 격변화

1. 대명사(pronoun)의 격변화

남성, 여성, 중성의 세 가지 성에는 관계대명사(relative pronoun), 지시대명사(demonstrative pronoun), 의문대명사(interrogative pronoun)가 있다. 이들은 호격만 제외하고 모든 격들에서 어미가 변화한다. 그리고 다른 명사들을 수식할 때 형용사가 된다.

2. 남성, 단수

		단수		
		관계대명사	지시대명사	의문대명사
1	주격	yo = he who	so = he, that	ko = who
2	대격	yaṃ	taṃ	kaṃ
3	구격	yena	tena	kena
4	탈격	yamhā, yasmā	tamhā, tasmā	kasmā, kismā
5	여격	yassa	tassa	kassa, kissa
6	속격	yassa	tassa	kassa, kissa
7	처격	yamhi, yasmiṃ	tamhi, tasmiṃ	kamhi, kasmiṃ, kimhi, kismiṃ

3. 중성, 단수

		단수		
		관계대명사	지시대명사	의문대명사
1	주격	yaṃ = that, which	taṃ = it, that	kiṃ = which
2	대격	yaṃ	taṃ	kiṃ

나머지 격들은 남성의 격변화와 유사하다.

4. 여성, 단수

		단수		
		관계대명사	지시대명사	의문대명사
1	주격	yā = she who	sā = she, that	kā = who
2	대격	yaṃ	taṃ	kaṃ
3	구격	yāya	tāya	kāya
4	탈격	yāya	tāya	kāya
5	여격	yassā, yāya	tassā, tāya	kassā, kāya
6	속격	yassā, yāya	tassā, tāya	kassā, kāya
7	처격	yassaṃ, yāyaṃ	tassaṃ, tāyaṃ	kassaṃ, kāyaṃ

5. 남성, 복수

		복수		
		관계대명사	지시대명사	의문대명사
1	주격	ye = they who	te = they, those	ke = who
2	대격	ye	te	ke
3	구격	yehi	tehi	kehi
4	탈격	yehi	tehi	kehi
5	여격	yesaṃ (yesānaṃ)	tesaṃ (tesānaṃ)	kesaṃ (kesānaṃ)
6	속격	yesaṃ (yesānaṃ)	tesaṃ (tesānaṃ)	kesaṃ (kesānaṃ)
7	처격	yesu	tesu	kesu

6. 중성, 복수

		복수		
		관계대명사	지시대명사	의문대명사
1	주격	yāni, ye = those, which	tāni, te = those	kāni, ke = which
2	대격	yāni, ye	tāni, te	kāni, ke

나머지 격들은 남성의 격변화와 유사하다.

7. 여성, 복수

		복수		
		관계대명사	지시대명사	의문대명사
1	주격	yā, yāyo = they who	tā, tāyo = they, those	kā, kāyo = who
2	대격	yā, yāyo	tā, tāyo	kā, kāyo
3	구격	yāhi	tāhi	kāhi
4	탈격	yāhi	tāhi	kāhi
5	여격	yāsaṃ (yāsānaṃ)	tāsaṃ (tāsānaṃ)	kāsaṃ (kāsānaṃ)
6	속격	yāsaṃ (yāsānaṃ)	tāsaṃ (tāsānaṃ)	kāsaṃ (kāsānaṃ)
7	처격	yāsu	tāsu	kāsu

8. 부정불변화사(indefinite particle)[138]-ci

부정불변화사 -ci(Skt.cid)가 의문대명사의 격들에 붙어서, koci, kiñci, kāci가 되면 '어떠한 사람이든, 어느 것이든, 누구든' 등의 뜻을 나타낸다.

	남성		중성		여성	
1	koci puriso	어떠한 사람이든	kiñci phalaṃ	어떠한 과일이든, 무슨 과일이든	kāci itthi	어떠한 여인이든
2	kenaci purisena	어떠한 사람에 의해서든	kenaci phalena	어떠한 과일에 의해서든, 무슨 과일에 의해서든	kāyaci itthiyā	어떠한 여인에 의해서든, 어떠한 여인에 대해서든, 어떠한 여인의 것이든

---

138 부정불변화사(indefinite particle)는 다른 말로 부정대명사(indefinite pronoun)라고도 한다.

9. 대명사적 부사(pronominal adverb)

	관계부사		지시부사		의문부사	
1	yattha	~인(한) 곳에	tattha	거기에	kattha	어디에?
2	yatra	~인(한) 곳에	tatra	거기에	kutra	어디에?
3	yato	어디로부터, 그럼으로, 때문에, ~한 이유로	tato	① 그로부터, ② 그럼으로써, 그리하여	kuto	어디로부터?, 어디에서?
4	yathā	~과(와) 같이	tathā	그와 같이	kathaṃ	어떻게?
5	yasmā	왜냐하면	tasmā	그러므로	kasmā	왜?, 무엇 때문에?
6	yadā	언제	tadā	저 때, 그때	kadā	언제?
7	yena	어디서	tena	저, 저기		
8	yāva	① ~까지, ~하는 한, ~하는 사이에, ② 얼마나, 어느 정도	tāva	① 그만큼, 그 정도, ② 곧바로, 곧장, ③ 먼저, 우선		

10. 문장 형식의 예

① Yo atthaññu hoti so kumāre anusāsituṃ āgacchatu.

이치를 아는 사람(의로움을 아는 사람)이 소년들을 훈계하러 오기를!

② Yaṃ ahaṃ ākaṅkhamāno ahosiṃ so āgato hoti.

내가 바라고 있었던 그 사람이 왔다.

③ Yena maggena so āgato tena[139] gantuṃ ahaṃ icchāmi.

그가 온 그 길로 내가 가기 바란다.

139 yena~tena : ~가(이) 있는 그곳으로

④ Yassa sā bhariyā hoti so bhattuno puññavanto hoti.
그녀가 그 사람의 아내이며 그 남편은 공덕을 지닌 사람이다.

⑤ Yasmiṃ hatthe daddu atthi tena hatthena patto na gaṇhitabbo hoti.
습진이 있는 손들로 그릇이 가져져서는 안 된다.

⑥ Yāni kammāni sukhaṃ āvahanti tāni puññāni honti.
즐거움을 가져오는 행위들이 공덕들이다.

⑦ Yā bhariyā sīlavatī hoti sā bhattuno piyāyati.
계를 지닌 아내가 그 남편에게 사랑스럽다.

⑧ Yāya rājiniyā sā vāpī kārāpitā taṃ ahaṃ na anussarāmi.
그 저수지가 왕비에 의해 건설되었고, 나는 그녀를 기억하지 못한다.

⑨ Yassaṃ sabhāyaṃ so kathaṃ pavattesi tattha bahū manussā sannipatitā abhaviṃsu (ahesuṃ).
그가 연설한 곳인 회당에 많은 사람들이 모였다.

⑩ Yāsaṃ itthīnaṃ mañjūsāsu suvaṇṇaṃ atthi tāyo dvārāni thaketvā gehehi nikkhamanti.
그 여인들의 상자들 속에 황금이 있고, 그녀들이 문들을 닫고서 집들에서 떠난다.

⑪ Yāsu itthīsu kodho natthi tāyo vinītā bhariyāyo ca mātaro ca bhavanti.
여인들 가운데 분노가 없는 이들이 훈련된 아내들과 어머니들이 된다.

⑫ Yattha bhūpatayo dhammikā honti tattha[140] manussā sukhaṃ vindanti.
왕들이 정의로운 곳의 사람들이 즐거움을 경험한다.

140 yattha~tattha : ~곳에, 그곳에서

⑬ Yato bhānumā ravi lokaṃ obhāseti tato cakkhumantā rūpāni passanti.
빛나는 태양이 세상을 비추기 때문에, 눈을 지닌 자들이 형상들을 본다.

⑭ Yathā Bhagavā dhammaṃ deseti, tathā[141] tumhehi paṭipajjitabbaṃ.[142]
세존이 법을 설하는 것과 같이, 그렇게 너희에 의해 실천되어야만 한다.

⑮ Yasmā pitaro rukkhe ropesuṃ, tasmā[143] mayaṃ phalāni bhuñjāma.
아버지들이 나무들을 심었기 때문에 우리가 과일들을 즐긴다.

⑯ Yadā amhehi icchitaṃ patthitaṃ samijjhati tadā[144] amhe modāma.
우리의 욕구들과 열망들이 성취되는 그때 우리가 행복하다.

⑰ Ko tvaṃ asi? Ke tumhe hotha?
너는 누구냐? 너희는 누구냐?

⑱ Kena dhenu aṭaviyā ānītā?[145]
누구에 의해 숲에서 암소가 끌려왔느냐?

⑲ Kassa bhūpatinā pāsādo kārāpito?[146]
누구를 위해 궁전이 왕에 의해 만들어졌느냐?

⑳ Kasmā amhehi saccaṃ bhāsitabbaṃ?
왜 진리가 우리에 의해 말해져야 하느냐?

㉑ Asappurisehi palite dipe kuto mayaṃ dhammikaṃ vinetāraṃ labhissāma?
나쁜 사람들에 의해 보호되는 섬에서 우리가 어디에서 법다운(정의로운) 지도자를 얻을 것이냐?

---

141 yathā~tathā : ~과(와) 같이 그렇게
142 paṭipajjitabbṃ : paṭipajjati (paṭi+√pad)의 미래수동분사
143 yasmā~tasmā : ~이기 때문에 ~이다(하다)
144 yadā~tadā : ~한 때에, 그때에
145 ānīta : āneti (ā+√nī)의 과거분사
146 kārāpito : kārāpeti (karoti의 사역형)의 과거분사

㉒ Kehi kataṃ kammaṃ disvā tumhe kujjhatha?
누구에 의해 행해진 일을 보고서 너희가 화내느냐?

㉓ Kesaṃ nattāro tuyhaṃ ovāde ṭhassanti?[147]
누구의 손자들이 너의 훈계를 견지할 것이냐?

㉔ Kehi ropitāsu latāsu pupphāni ca phalāni ca bhavanti?
누구에 의해 심어진 덩굴풀들에 꽃들과 과일들이 있느냐?

㉕ Kāya itthiyā pādesu daddu atthi?
어떤 여자의 발들에 습진이 있느냐?

▸▹▸▹ 연습문제 32 ◃◂◃◂

11. 우리말로 번역하시오.

① Yassā so putto hoti sā mātā puññavatī hoti.

② Yo taṃ dīpaṃ pāleti so dhammiko bhūpati hoti.

③ Kena ajja[148] navaṃ[149] jīvitamaggaṃ na pariyesitabbaṃ?

④ Sace tumhe asappurisā lokaṃ dūseyyātha[150] kattha puttadhītarehi saddhiṃ tumhe vasatha?

⑤ Yadā bhikkhavo sannipatitvā sālāyaṃ kilañjāsu nisīdiṃsu tadā Buddho pāvisi.

⑥ Yasmiṃ padese[151] Buddho viharati tattha gantuṃ ahaṃ icchāmi.

---

147 ṭhassanti : tiṭṭhati (√sthā)의 3인칭, 복수, 미래형
148 ajja : 오늘
149 navaṃ : nava의 단수, 대격, '새로운'
150 dūseyyātha : dūseti (√dūṣ)의 2인칭, 복수, 원망형, '오염시킨다면'
151 padese : padesa의 단수, 처격, '~곳에'

⑦ Yāyaṃ guhāyaṃ sīhā vasanti taṃ pasavo na upasaṅkamanti.

⑧ Yo dhanavā hoti, tena sīlavatā bhavitabbaṃ.

⑨ Sace tumhe maṃ pañhaṃ pucchissatha ahaṃ vissajjetuṃ[152] ussahissāmi.

⑩ Yattha sīlavantā bhikkhavo vasanti tattha manussā sappurisā honti.

⑪ Kadā tvaṃ mātaraṃ passituṃ bhariyāya saddhiṃ gacchasi?

⑫ Yāhi rukkhā chinnā tāyo pucchituṃ kassako āgato hoti.

⑬ Kathaṃ tumhe udadhiṃ tarituṃ ākaṅkhatha?

⑭ Kuto tā itthiyo maṇayo āhariṃsu?

⑮ Yāsu mañjūsāsu ahaṃ suvaṇṇaṃ nikkhipiṃ tā corā coresuṃ.

⑯ Yo ajja nagaraṃ gacchati so tarūsu ketavo passissati.

⑰ Yassa mayā yāgu pūjitā so bhikkhu tava putto hoti.

⑱ Kuto ahaṃ dhammassa[153] viññātāraṃ paññavantaṃ bhikkhuṃ labhissāmi?

⑲ Yasmā so bhikkhūsu pabbaji, tasmā sā pi pabbajituṃ icchati.

⑳ Yaṃ ahaṃ jānāmi tumhe pi taṃ jānātha.

㉑ Yāsaṃ itthīnaṃ dhanaṃ so icchati tāhi taṃ labhituṃ so na sakkoti.

㉒ Yato amhākaṃ bhūpati arayo parājesi tasmā mayaṃ tarūsu ketavo bandhimha.

㉓ Kadā amhākaṃ patthanā[154] samijjhanti?

㉔ Sabbe te sappurisā tesaṃ[155] pañhe vissajjetuṃ vāyamantā sālāya nisinnā honti.

㉕ Sace tvaṃ dvāraṃ thakesi ahaṃ pavisituṃ na sakkomi.

---

152 vissajjetuṃ : vissajjeti (vi+√sṛj)의 부정사, '설명하기'

153 dhammassa : dhamma의 단수, 속격, '법의'

154 patthanā : patthanā의 복수, 주격, '열망들이' ☞ patthanā가 복수인 것은 이 명사를 수식하는 amhākaṃ이 amha의 복수, 속격이기 때문이다.

155 tesaṃ : ta의 복수, 속격, '그들의'

㉖ Amhehi katāni kammāni chāyāyo viya[156] amhe anubandhanti.

㉗ Susavo mātaraṃ rakkhanti.

㉘ Ahaṃ sāminā saddhiṃ gehe viharantī modāmi.

㉙ Tumhākaṃ puttā ca dhītaro ca udadhiṃ taritvā bhaṇḍāni vikkiṇantā mūlaṃ pariyesituṃ icchanti.

㉚ Tvaṃ suraṃ pivasi, tasmā sā tava[157] kujjhati.

12. 빨리어로 번역하시오.

① 계를 지닌 사람이 적을 패배시킬 것이다.

② 집회에서 말한 소녀는 우리의 친척이 아니다.

③ 어머니가 집에 올 때, 딸이 보석들을 줄 것이다.

④ 내가 밥을 준 개는 나의 형제의 것이다.

⑤ 너희는 왜 사문들을 공경하기 위해 오늘 집으로 오지 않았느냐?

⑥ 너희가 비구들에게 공양한 가사들을 너희는 어디에서 얻었느냐?

⑦ 내가 너에게 준 황금을 너는 누구에게 주었느냐?

⑧ 네가 원하는 것을 먹어라.

⑨ 나는 네가 강에서 목욕하는 동안에 바위에 앉을 것이다.

⑩ 지혜로운 사람이 거주하고 있는 곳에 내가 거주하기 원한다.

---

156 viya : ~같이, ~처럼

157 tava : tumha의 단수, 여격, '너에게'

색 인

빨리어 · 한글 동사 색인

※ 접두사와 동사 어근은 괄호 안에 산스끄리뜨어로 표기하였다.

[a]

akkosati (ā+√kṛś) 욕하다, 비난하다, 매도하다, 꾸짖다
atthi (√as) 있다, 존재하다
adhigacchati (adhi+√gam) ① 얻다, ② 이해하다, 파악하다
anukampati (anu+√kamp) 동정하다, 연민하다
anugacchati (anu+√gam) 따라가다, 수행하다, 추적하다
anubandhati (anu+√badh) 따르다, 추적하다, 추격하다
anusāsati (anu+√śās) ① 가르치다, ② 충고하다, 훈계하다,
③ 안내하다

[ā]

ākaṅkhati (ā+√kāṅkṣ) 희망하다, 원하다, 바라다
ākaḍḍhati (ā+√kṛṣ?) 끌다, 당기다
āgacchati (ā+gam) 오다
ādadāti (ā+√dā) 가지다, 접수하다, 취하다
āneti (ā+√nī) 가져오다, 데려오다, 끌고 오다
āmanteti (ā+denom.[158] mantra) ① 부르다, 호칭하다, ② 상담하다
āmasati (ā+√mṛś) 접촉하다, 만지다
ārakkhati (ā+√rakṣ) 보호하다, 지키다, 수호하다
ārabhati (ā+√rabh) 시작하다, 개시하다, 착수하다
āruhati (ā+√ruh) 오르다, 올라가다

---

158 명사파생동사(denominal verb)는 명사로부터 파생된 동사이다. 이것은 빨리어뿐만 아니라 다른 언어에서도 찾아볼 수 있다. 예를 들어 영어에는 명사 school(학교)에서 파생된 동사 school(교육하다), 명사 shelf(선반)에서 파생된 동사 shelve(선반 위에 얹다), 그리고 명사 symbol(상징)에서 파생된 동사 symbolize(상징하다)가 있다.

āroceti (ā+√ruc) 알리다, 고지하다
āvahati (a+√vah) 가져오다, 초래하다, 야기하다
āsiñcati (ā+√sic) (물을) 뿌리다
āharati (ā+√hṛ) 가져오다, 데려오다
āhiṇḍati (ā+√hiṇḍ) 서성이다, 어슬렁거리다

[i]

icchati (√iṣ, āp) 원하다, 욕구하다, 바라다

[u]

uggaṇhāti (ud+√gṛh) ① 집어 올리다, ② 배우다
uṭṭhahati (ud+√sthā) 일어나다
uḍḍeti (ud+√ḍī) 날다
uttarati (ud+√tṛ) ① (물 밖으로) 나오다, ② 건너다
udeti (ud+√i) 오르다, (해나 달이) 뜨다, 떠오르다, 일어나다
upasaṅkamati (upa+saṃ+√kram) 다가가다, 접근하다
uppajjati (ud+√pad) ① 일어나다, ② 태어나다
uppatati (ud+√pad) 날다, 날아오르다, 도약하다, 비상하다
ussahati (ud+√sah) 시도하다, 노력하다
ussāpeti (ud+√śri) 올리다, 세우다

[o]

ocināti (ava+√ci) 따다, 모으다
otarati (ava+√tṛ) 내려오다, 내려가다, 하강하다
obhāseti (ava+√bhāṣ) 빛나게 하다, 밝게 하다
oruhati (ava+√ruh) 내려오다
oloketi (ava+√lok) 보다
ovadati (ava+√vad) 훈계하다, 충고하다

[k]

katheti (√kath) 말하다, 이야기하다
karoti (√kṛ) 하다, 짓다
kasati (√kṛṣ) 밭을 갈다, 경작하다
kārāpeti (√kṛ) 하게 만들다[159]
kiṇāti (√krī) 사다, 구매하다
kīḷati (√krīḍ) 놀다
khaṇati (√khaṇ) ① 파다, 파내다, ② 파괴하다, 해치다
khādati (√khād) 먹다
khipati (√kṣip) 던지다, 버리다
kujjhati (√krudh) 화내다, 성내다

[g]

gacchati (√gam) 가다
gaṇhāti (√gṛh) 가지다, 취하다, 잡다
gāyati (√gai) 노래하다

[c]

carati (√car) 가다, 걷다, 행동하다, 움직이다, 거닐다, 활동하다
cavati (√cyu) 떠나다, 죽다, 소멸하다
cinteti (√cit) 생각하다
cumbati (√cumb) 키스하다, 입 맞추다
coreti (√cur) 훔치다
chaḍḍeti (√chaḍḍ) 던지다, 버리다
chādeti (√chad) 덮다, 감추다
chindati (√chid) ① 자르다, 베다, ② 파괴하다

---

159 karoti (√kṛ)의 사역형

[j]

jānāti (√jñā) 알다
jāleti (√jval) (등을) 켜다, (불을) 붙이다
jināti (√ji) 이기다, 승리하다, 정복하다
jīvati (√jīv) 살다

[ṭh]

ṭhapeti (√sthā) 놓다, 두다

[ḍ]

ḍasati (√ḍas) 물다, 물어뜯다

[t]

tarati (√tṛ) (물을) 건너다
tiṭṭhati (√sthā) 서다, 지탱하다

[th]

thaketi (√sthag) 덮다, 닫다

[d]

dadāti, deti (√dā) 주다, 보시하다
dassati (√dṛś) 보다, 목격하다
duhati (√duh) 젖을 짜다
dūseti (√dūṣ) 망치다, 훼손하다, 오염시키다
deseti (√diś) 가르치다, 교시하다, 설하다

[dh]

dhāvati (√dhāv) 달리다, 도망가다, 흐르다
dhovati (√dhov) 씻다, 세척하다, 세탁하다

[n]

naccati (√nṛt) 춤추다
namassati (denom. namas) 인사하다, 예배하다
nahāyati (√snā) 목욕하다
nāseti (√naś) ① 파괴하다, 죽이다, ② 쫓아내다, 추방하다
nikkhamati (nis+√kram) ① 나가다, ② 출가하다
nikkhipati (ni+√kṣip) 방치하다, 놓다, 두다
nimanteti (ni+denom. mantra) 초대하다, 초청하다
nilīyati (ni+√lī) 숨다
nivāreti (ni+√vṛ) 막다, 방지하다, 방호하다
nisīdati (ni+√sad) 앉다
nīhareti (ni+√hṛ) 가져가다
neti (√nī) 이끌다, 가져가다, 안내하다, 인도하다, 지도하다

[p]

pakkosati (pra+√kṛṣ) 부르다, 호출하다
pakkhipati (pra+√kṣip) 내려놓다, 던져 넣다, 끼워 넣다, 포함시키다
pacati (√pac) 요리하다, 조리하다, 취사하다
pajahati (√hā) 포기하다, 버리다
paṭicchādeti (prati+√chad) 덮다, 감추다
paṭiyādeti (prati+√yat) 준비하다
patati (√pat) 떨어지다
pattharati (pra+√stṛ) 펴지다, 확장되다
pattheti (pra+√arth) 원하다, 희망하다, 갈망하다
pappoti (pāpuṇāti 참조) ① 얻다, 획득하다, ② 도달하다

pabbajati (pra+√vraj) 출가하다
parājeti (parā+√ji) 패배시키다
pariyesati (pari+√iṣ) 찾다, 구하다, 추구하다
parivajjeti (pari+√vṛj) 피하다, 멀리하다
parivāreti (pari+√vṛ) ① 둘러싸다 ② 추종하다, 따르다
palobheti (pra+√lubh) ① 유혹하다, ② 바라다, 열망하다
pavatteti (pra+√vṛt) ① 굴리다, 돌리다, ② 진행시키다, 계속하다, ③ 행동하다
pavisati (pra+√viś) 들어가다
pasīdati (pra+√sad) ① 즐거워하다, 기뻐하다, 청정해지다, ② 믿음을 지니다
passati (√spaś) 보다, 목격하다
paharati (pra+√hṛ) 치다, 때리다
pahiṇāti (pra+√hi) 보내다, 파견하다
pājeti (pra+√aj) 몰다, 끌다
paṭipajjati (paṭi+√pad) 길에 들어서다, 실천하다
pāteti (√pat) 떨어뜨리다
pāpuṇāti (pra+√āp) ① 얻다, 획득하다, ② 도달하다
pāleti (√pāl) 보호하다, 지키다, 수호하다
piyāyati (denom. piya) 사랑하다, 귀여워하다, 좋아하다
pivati (√pā) 마시다
pīḷeti (√pīḍ) 괴롭히다, 핍박하다
pucchati (√pṛcch) 묻다, 질문하다
pūjeti (√pūj) ① 공양하다, ② 예배하다, 공경하다
pūreti (√pṛ) 채우다
peseti (pra+√iṣ) 보내다
poseti (√puṣ) 부양하다, 기르다

[ph]

phusati (√spṛś) 접촉하다, 만지다

[b]

bandhati (√badh) 묶다, 속박하다

[bh]

bhajati (√bhaj) ① 교제하다, ② 봉사하다
bhañjati (√bhañj) 부수다, 파괴하다
bhavati (√bhū) 되다
bhāyati (√bhī) 두려워하다
bhāsati (√bhāṣ) ① 말하다, ② 빛나다
bhindati (√bhid) 쪼개다, 부수다, 파괴하다, 깨뜨리다
bhuñjati (√bhuj) 즐기다, 먹다
bhojāpeti (√bhuj) 먹게 하다, 식사를 제공하다, 접대하다[160]
bhojeti (√bhuj) 먹게 하다, 식사를 제공하다, 접대하다

[m]

manteti (denom. mantra) 토론하다, 상담하다, 조언하다
māpeti (√mā) 짓다, 창작하다, 건설하다
māreti (√mṛ) 죽이다
mināti (√mā) 측정하다, 재다
muñcati (√muc) 풀어주다, 해방시키다
modati (√mud) 기뻐하다, 즐기다

[y]

yācati (√yac) ① 요구하다, 부탁하다, ② 구걸하다

160 bhuñjati (√bhuj)의 사역형

[r]

rakkhati (√rakṣ) 보호하다, 지키다, 수호하다
rodati (√rud) 울다
ropeti (√rup) 심다, 배양하다

[l]

labhati (√labh) 얻다, 획득하다
likhati (√likh) 쓰다

[v]

vaḍḍheti (√vṛdh) 증대시키다, 계발하다
vandati (√vand) 절하다, 예배하다, 존경하다
vapati (√vap) 파종하다, 뿌리다
vasati (√vas) 살다, 거주하다, 머물다
vāceti (√vac) 가르치다
vāyamati (vi+ā+√yam) 노력하다, 애쓰다
vikkiṇāti (vi+√krī) 팔다
vijjhati (√vyadh) 쏘다
vindati (√vid) 경험하다, 느끼다
vippakirati (vi+pra+√kṛ) 흩뿌리다, 혼란시키다, 파괴하다
vibhajati (vi+√bhaj) 나누다, 분석하다
vivarati (vi+√vṛ) ① 열다, ② 해석하다
vissajjeti (vi+√sṛj) ① 설명하다, 해명하다, 대답하다,
② 쓰다, 소비하다
viharati (vi+√hṛ) 살다, 거주하다, 머물다
vihiṃsati (vi+√hiṃs) 해치다
viheṭheti (vi+√hīḍ) 괴롭히다, 해치다, 핍박하다
veṭheti (√veṣṭ) 싸다, 포장하다
vyākaroti (vi+ā+√kṛ) ① 설명하다, ② 예언하다, ③ 답변하다

[s]

samharati (sam+√hr) 모으다
sakkoti (√śak) 가능하다, 할 수 있다
sannipatati (saṃ+ni+√pat) 모이다, 집합하다
samassāseti (saṃ+ā+√śvas) 안심시키다[161]
samijjhati (saṃ+√ṛdh) ① 성공하다, 성취하다, ② 번영하다
sammajjati (saṃ+√mṛj) 쓸다, 닦다, 청소하다
sammisseti (saṃ+denom. miśra) 뒤섞다, 혼합하다
sayati (√śī) 자다, 눕다, 드러눕다
sallapati (saṃ+√lap) 대화하다
sādiyati (√svad) ① 즐기다, ② 수용하다
sibbati (√sīv) 꿰매다, 바느질하다
siñcāpeti (√sic) 물이 뿌려지게 하다[162]
suṇāti (√śru) 듣다

[h]

hanati (√han) 죽이다
harati (√hṛ) ① 가져가다, ② 훔치다
hasati (√has) 웃다
hoti (√bhū) 있다, 이다, 존재하다, 되다

---

161 samassasati (saṃ+ā+√śvas)의 사역형
162 siñcati (√sic)의 사역형

빨리어 · 한글 어휘 색인(동사 이외)

문법약호

[m.] 남성	[f.] 여성	[n.] 중성	[adj.] 형용사
[ind.] 불변화사	[adv.] 부사	[pron.] 대명사	

[a]

akusala [adj.] 불선한
akkhi [n.] 눈
aggi [m.] 불
aṅguli [f.] 손가락
acci [n.] 불꽃, 화염, 광선
aja [m.] 염소
ajja [ind.] 오늘
aṭavi [f.] 숲
aṭṭhi [n.] ① 뼈, ② 종자, 씨앗
atithi [m.] 손님
atthaññū [adj.] 의로움을 아는, 이치를 아는
[m.] 의로움을 아는 사람, 이치를 아는 사람
addhā [ind.] 참으로, 확실히
adhamma [m.] 비법(非法), 불법(不法)
adhipati [m.] 왕, 군주, 우두머리, 지배자, 주권자
anicca [adj.] 무상한
aniccasaññā [f.] 무상의 인식
antarā [ind.] 가운데, 사이에

antarāmagga [m.] 가는 길에, 도중에

amacca [m.] ① 친구, 동료 ② 대신, 신하

ambu [n.] 물

ammā [f.] 어머니

arañña [n.] 숲

ari [m.] 적

asani [f.] 번개, 벼락

asanisadda [m.] 번개소리, 벼락소리

asappurisa [m.] 나쁜 사람, 참되지 못한 사람

asi [m.] 칼

assa [m.] 말

assu [n.] 눈물

ahaṃ [pron.] 나 (대명사, 1인칭, 단수)

ahi [m.] 뱀

[ā]

ākāsa [m.] 허공, 공간

ākhu [m.] 쥐

ācariya [m.] 스승, 아사리(阿闍梨)

āpaṇa [m.] ① 상점, 가게, ② 시장

āloka [m.] 빛, 광명

āvāṭa [m.] 구덩이

āsana [n.] 자리, 좌석

[i]

itthi [f.] 여자

iddhi [f.] 초능력, 신통력

isi [m.] 선인(仙人)

[u]

ucchu [m.] 사탕수수

udaka [n.] 물

udadhi [m.] 바다, 해양

upamā [f.] 비유

upalitta [m. & f. & n.] 더럽혀진, 오염된[163]

upāsaka [m.] 남신도, 우바새(優婆塞)

uyyāna [n.] 공원, 정원

uraga [m.] 뱀

[o]

ojavantu [adj.] 영양이 풍부한

odana [m. & n.] 밥

ovaraka [m.] 내실(內室), 방

ovāda [m.] 충고, 훈계

[k]

kakaca [m.] 톱

kaññā [f.] 소녀

kaṭacchu [m.] 국자, 수저

kaṇeru [f.] 암코끼리

kattu [m.] 행위자

kattha [adv.] 어디에?

kathaṃ [adv.] 어떻게?

kathā [f.] 이야기, 교설, 토론

kadalī [f.] 바나나, 파초(芭蕉)

---

163 upalimpati (upa+$\sqrt{}$lip)의 과거분사

kadaliphala [n.] 바나나, 파초(芭蕉)

kadā [adv.] 언제?

kadāci [adv.] 때때로, 가끔

kadāci karahaci [adv.] ① 때때로, 가끔, ② 좀처럼, 거의

kapi [m.] 원숭이

kamma [n.] 업(業), 행위, 일

karī [m.] 코끼리

kavi [m.] 시인

kasmā [adv.] 왜?, 무엇 때문에?

kāka [m.] 까마귀

kāya [m.] ① 몸, ② 무리

kāruṇika [adj.] 연민하는, 자비로운

kāsu [f.] 구덩이

kilañjā [f.] 깔개, 방석

kukkura [m.] 개

kucchi [n.] 배, 복부(腹部)

kuṭṭhī [m.] 나병환자, 문둥이

kuto [adv.] 어디로부터?

kutra [adv.] 어디에?

kuddāla [m.] 곡괭이, 삽, 호미

kumāra [m.] 소년

kumārī [f.] 소녀

kulavantu [adj.] 좋은 가문의

kulāvaka [n.] 둥지

kusala [adj.] 선한

kusuma [n.] 꽃

kuhiṃ [adv.] 어디로?, 어디에?

ketu [m.] 깃발

khagga [m.] 칼

khaṇḍa [n.] 파편, 단편, 조각
khādanīya [n.] 단단한 음식
khippaṃ [adv.] 빠르게, 재빠르게, 곧바로
khīra [n.] 우유
khudā [f.] 배고픔
khetta [n.] 밭

[g]

Gangā [f.] 강가 강, 갠지스 강
gantu [m.] 가는 사람
garu [m.] 스승
gahakāraka [m.] 집 짓는 이
gahapati [m.] 가장
gāma [m.] 마을
gāvī [f.] 소
giri [m.] 산
gilāna [adj.] 병든
[m.] 병든 사람, 환자
gīta [n.] 노래
gīvā [f.] 목
guṇavantu [adj.] 덕 있는, 덕을 지닌
guhā [f.] 동굴
geha [n.] 집, 가정
goṇa [m.] 소, 수소

[gh]

ghaṭa [n.] 항아리, 옹기
ghara [n.] 집

[c]

ca [ind.] ~과(와), 그리고
cakkhu [n.] 눈
cakkhumantu [adj.] 눈을 지닌, 통찰력 있는, 지혜로운
caṇḍāla [m.] 짠달라, 불가촉천민, 아웃카스트(outcaste)
canda [m.] 달
citta [n.] 마음
cīvara [n.] 가사(袈裟)
cora [m.] 도둑

[ch]

chāyā [f.] 그늘, 그림자

[j]

jala [n.] 물
jāṇu / jaṇṇu [n.] 무릎
jāta [m. & f. & n.] 태어난
jivhā [f.] 혀
jetu [m.] 승리자

[t]

taṇḍula [n.] 생쌀
tato [adv.] ① 그로부터, ② 그럼으로써, 그리하여
tattha [adv.] 거기에 = tatra
tattha tattha [adv.] 여기저기로, 여기저기에 = tatra tatra
tatra [adv.] 거기에
tathā [adv.] 그와 같이, 그처럼

Tathāgata [m.] 여래(如來)

tadā [adv.] 저 때, 그때

taru [m.] 나무

taruṇī [f.] 젊은 여자, 아가씨

tasmā [adv.] 그 때문에

tāpasa [m.] 고행자(苦行者)

tāva [adv.] ① 그만큼, 그 정도, ② 곧바로, 곧장, ③ 먼저, 우선

tiṇa [n.] 풀

tīra [n.] 기슭, 언덕

tuṇḍa [n.] 부리

tela [n.] 기름

tvaṃ [pron.] 너, 그대, 당신

[th]

thoka [adj.] 약간, 조금

thokaṃ thokaṃ [adv.] 조금씩, 점차로

[d]

dakkha [adj.] 솜씨가 있는, 유능한, 능숙한

daddu [f.] 습진(濕疹)

dadhi [n.] 커드(curd), 타락(駝酪)

dāṭhī [adj.] 상아나 어금니들을 지닌

[m.] 상아나 어금니들을 지닌 동물

dātu [m.] 주는 자, 베푸는 자

dāna [n.] 보시, 베풂, 시물

dāraka [m.] ① 소년, ② 어린이, 아이

dārikā [f.] ① 소녀, ② 딸

dāru [n.] ① 목재, ② 장작

dāsa [m.] 노예, 하인, 노복(奴僕)

dīghajīvī [m.] 긴 수명을 가진 자

dīpa [m.] ① 섬, ② 등(燈)

dīpī [m.] 표범

dukkhaṃ [adv.] 괴롭게, 힘들게

dubbala [adj.] 연약한, 힘없는

dussa [n.] 옷

duhitu [f.] 딸

dūta [m.] 전령, 사절

deva [m.], 신(神), 천인(天人)

devatā [f.] 여신(女神), 천녀(天女)

devi [f.] 왕비

doṇi [f.] 배, 카누, 보트

dvāra [n.] 문

[dh]

dhañña [n.] 곡식

dhana [n.] 재산, 재물

dhanavantu [adj.] 재산을 지닌, 부유한

dhanu [n.] 활

dhamma [m.] 법(法), 사물, 현상, 원리, 진리, 속성, 정의(正義), 붓다의 가르침

dhammasālā [f.] 법당(法堂)

dhātu [f.] 요소, 계(界), 유골, 사리(舍利)

dhītu [f.] 딸

dhīvara [m.] 어부

dhenu [f.] 암소, 젖소

[n]

na [ind.] 없다, 아니다

nagara [n.] 도시

nadī [f.] 강

nayana [n.] 눈

nara [m.] 사람, 인간

naraka [n.] 지옥

nava [adj.] 새로운

nattā [m.] 손자

nānā [ind.] 다양한, 여러 가지, 갖가지

nānākamma [n.] 다양한 일

nārī [f.] 여자

nāḷi [f.] 통, 관 (측량의 단위)

nāvā [f.] 배

nāvika [m.] 선원, 뱃사공

nidhi [m.] 숨겨진 보물

niraya [m.] 지옥

nivāsa [m.] 집

netu [m.] 지도자

[p]

pakka [adj.] 익은[164]

pakkhī [m.] 새

pañjara [n.] 새장

paññā [f.] 지혜, 반야(般若)

paññavantu [adj.] 지혜를 지닌, 지혜로운, 현명한

164 pacati(√pac)의 과거분사

pañha [m.] 질문, 물음
paṇḍita [m.] 현자, 지혜로운 사람
paṇṇa [n.] 잎, 잎사귀
pati [m.] 주인, 지도자, 남편
patta [m.] 발우(鉢盂), 그릇
patthanā [f.] 희망, 열망, 욕구
paduma [n.] 연꽃
padesa [m.] 지방, 지역, 장소, 위치
pabbata [m.] 산
pabhāta [n.] 새벽, 이른 아침
pabhū [m.] 군주, 통치자, 지배자
parisā [f.] 회중(會衆), 대중, 무리, 일행
pavattu [m.] ① 설명하는 사람, ② 스승
pasu [m.] 동물, 짐승, 가축
pahūta [adj.] ① 크고 넓은, 많은, 광대한, ② 충분한, 상당한
pāṇi [m.] 손, 손바닥
pāṇī [m.] 생명
pānīya [n.] 마실 물, 음료
pāda [m.] 발
pāpa [n.] 악(惡)
pāpakārī [m.] 악을 행하는 자
pāsāṇa [m.] 돌, 바위
pāsāda [m.] 저택, 궁전, 전당
pi [ind.] ~도, 역시, 또한
piṭaka [m.] 바구니, 광주리
pitu [m.] 아버지
pipāsā [f.] 목마름, 갈증
pipāsita [m. & f. & n.] 목마른, 갈증 나는
puñña [n.] 공덕

puññakamma [n.] 공덕 있는 행위
puññavantu [adj.] 공덕을 지닌, 복된, 행운의
putta [m.] ① 아들, ② 아이
puttadāra [m.] 아이들과 아내, 처자식
puna [ind.] 다시, 또
puppha [n.] 꽃
pupphāsana [n.] 꽃제단
pubbaka [m. & f. & n.] 이전의, 옛날의, 과거의
purisa [m.] 사람, 인간
pokkharaṇī [f.] 연못
potthaka [n.] 책

[ph]

pharasu [m.] 도끼
phala [n.] 과일, 열매
phalavantu [adj.] 과일을 지닌, 열매가 풍부한

[b]

bandhu [m.] 친척, 친족
bandhumantu [adj.] 친척을 지닌, 친척이 많은
balavantu [adj.] 힘을 지닌, 힘센, 강력한
balī [m.] 힘센 사람
bahu [adj.] 많은
bāhu [m.] 팔
bīja [n.] 씨앗, 종자
Buddha [m.] 붓다
buddhi [f.] 깨달음, 지혜, 지성
buddhimantu [adj.] 현명한, 지적인

brāhmaṇa [m.] 바라문(婆羅門)

brāhmaṇī [f.] 바라문 여자

[bh]

Bhagavā [m.] 세존(世尊)

Bhagavantu [adj.] 행운을 지닌

[m.] 복자(福者), 세존(世尊)

bhaginī [f.] 자매

bhaṇḍa [n.] 상품

bhatta [m. & n.] 밥

bhattu [m.] 남편

bhariyā [f.] 아내

bhātu [m.] 형제

bhānumā [m.] 태양, 해

bhānumantu [adj.] 빛나는, 밝은

[m.] 태양, 해

bhikkhu [m.] 비구(比丘)

bhūpati [m.] 왕

bhūpāla [m.] 왕

bhūmi [f.] 땅, 대지

bhojana [n.] 음식

bhojanīya [n.] 부드러운 음식, 연식(軟食)

[m]

makkaṭa [m.] 원숭이

magga [m.] 길

maccha [m.] 물고기

mañca [m.] 침대

mañjūsā [f.] 상자

maṇi [m.] 보석

mattaññū [adj.] 분량이나 한계를 아는, 적당한
[m.] 적당함을 아는 사람, 바라는 것이 적은 사람

madhu [n.] 꿀

madhukara [m.] 꿀벌

manussa [m.] 사람, 인간

manta [n.] 주문, 진언(眞言), 경문(經文)

mantī [m.] 장관, 고문(顧問)

mahanta [adj.] 큰, 거대한

mā [ind.] ~하지 마라 (금지)

mātu [f.] 어머니

mātula [m.] 삼촌

māra [m.] 마라, 악마

mālā [f.] 화환, 꽃다발

miga [m.] 사슴

mitta [m. & n.] 친구, 벗

mukha [n.] 입, 얼굴

muṭṭhi [m.] 주먹

muni [m.] 성자

mūla [n.] ① 뿌리, ② 바닥, 밑, ③ 근거, 근본, ④ 돈

modaka [n.] 사탕과자

[y]

yaṭṭhi [f.] 지팡이

yato [adv.] 어디로부터, 그럼으로, 때문에, ~한 이유로

yattha [adv.] ~인(한) 곳에

yatra [adv.] ~인(한) 곳에

yathā [adv.] ~과(와) 같이

yadā [adv.] 언제
yadi [ind.] 만약
yasavantu [adj.] 명망을 지닌, 유명한
yasmā [adv.] 왜냐하면
yāgu [f.] 죽
yācaka [m.] 거지
yāva [adv.] ① ~까지, ~하는 한, ~하는 사이에, ② 얼마나, 어느 정도
yuvati [f.] 젊은 여자, 아가씨

[r]

rajaka [m.] 세탁업자
rajju [f.] 밧줄
ratti [f.] 밤
ratha [m.] 마차
ravi [m.] 해, 태양
rasa [n.] 맛
rasmi [f.] 광선, 빛줄기
rājinī [f.] 왕비
rāsi [m.] 더미
rukkha [m.] 나무
rukkhamūla [n.] 나무뿌리
rūpa [n.] 형색, 형상, 물질, 그림

[l]

latā [f.] 덩굴풀
lābha [m.] 이득, 얻음
luddaka [m.] 사냥꾼
loka [m.] 세상, 세계
locana [n.] 눈

[v]

vaḍḍhakī [m.] 목수, 건축가

vaṇṇavantu [adj. m. & f. & n.] 미모의, 아름다운

vattu [m.] 말하는 자

vattha [n.] 옷, 의복

vatthu [n.] 사물, 대상, 이유, 근거, 이야기, 위치,
지섬, 기초, 토대, 토지

vadaññū [adj.] 아낌없이 베푸는, 인심 좋은
[m.] 친절한 사람, 박애주의자

vadhū [f.] ① 며느리, 주부, ② 젊은 아내

vana [n.] 숲

vanitā [f.] 여자

vaṇṇavā [adj.] 색깔 있는, 아름다운

vammika [m. & n.] 개미집

varāha [m.] 돼지

vasu [n.] 재산, 부(富)

vā [ind.] ~(이)거나, 또는, 혹은

vāṇija [m.] 상인

vāta [m.] 바람, 풍(風)

vānara [m.] 원숭이

vāpī [f.] 저수지, 호수

vāri [n.] 물

vālukā [f.] 모래

vijju [f.] 번개

viññātu [m.] 아는 자

viññū [adj.] 지혜로운, 현명한
[m.] 지혜로운 사람, 현자

vidū [adj.] 지혜로운, 현명한
[m.] 지혜로운 사람, 현자

vinetu [m.] 훈도하는 사람, 교사
viya [ind.] ~같이, ~처럼
vihāra [m.] 절, 정사(精舍)
vīsati [f.] 20, 이십
vīhi [m.] 벼
vega [m.] 속도
vegena [adv.] 신속하게, 재빠르게
vetana [n.] 임금, 급여, 보수
veḷu [m.] 대나무
vyādhi [m.] 병, 질병

[s]

sakaṭa [m.] 수레
sakala [adj.] 전체의
sakuṇa [m.] 새
sakhī [f.] 여자친구
sagga [m.] 하늘, 천상(天上)
saggaloka [m.] 하늘 세계
sace [ind.] 만약 ~면
sacca [n.] 진리, 진실
satimantu [adj.] 깨어 있는, 마음 챙기는, 유념하는, 알아차리는
sattu [m.] 적
satthi [n.] 넓적다리
satthu [m.] 스승
sadda [m.] 소리
saddhā [f.] 믿음
saddhāvantu [adj.] 믿음을 지닌
saddhiṃ [ind.] ~과(와), 함께
sappa [m.] 뱀

sappi [n.] 버터
sappurisa [m.] 착한 사람, 참된 사람
sabba [adj.] 모든 것의, 일체의
sabbaññū [adj.] 모든 것을 아는
[m.] 모든 것을 아는 사람, 전지자(全知者)
sabhā [f.] 회당, 집회, 모임
samaṇa [m.] 사문(沙門)
samudda [m.] 바다, 해양
sammajjanī [f.] 빗자루
sammā [ind.] 바르게, 잘, 제대로
sara [m.] 화살
sassu [f.] 장모, 시어머니
saha [ind.] ~과(와), 함께
sahāya [m.] 친구, 동료
sākhā [f.] 가지
sāṭaka [m.] 옷, 의복
sāmī [m.] 남편, 주인, 지배자
sārathī [m.] 마부, 조어자(調御者)
sālā [f.] 홀(hall), 강당
sāvaka [m.] 제자, 성문(聲聞)
sikhī [m.] 공작(孔雀)
sigāla [m.] 승냥이, 자칼(jackal)
sindhu [m.] 바다, 해양
sippa [n.] 기술, 기예
sissa [m.] 학생, 제자
sīghaṃ [adv.] 빨리, 재빠르게
sīla [n.] 계(戒), 도덕
sīlavantu [adj.] 계를 지닌, 도덕적인
sīsa [n.] 머리
sīha [m.] 사자

suka [m.] 앵무새
sukhaṃ [adv.] 행복하게
sukhī [m.] 행복한 사람
sugata [m.] 선서(善逝)
sunakha [m.] 개
sura [m.] 신(神), 천인(天人)
surā [f.] 술
suriya [m.] 태양, 해
suva [m.] 앵무새
suvaṇṇa [n.] 황금, 금
susu [m.] 어린이, 소년, 새끼
sūkara [m.] 돼지
seṭṭhī [m.] 무역상, 재무관, 백만장자, 거상(巨商)
setu [n.] 다리
soṇa [m.] 개
sota [n.] 귀
sotavantu [adj.] 귀를 지닌, 귀 기울이는
sotu [m.] 듣는 사람
sopāna [m.] 계단

[h]

hattha [m.] 손
hatthī [m.] 코끼리
himavantu [adj.] 눈을 지닌
[m. & f. & n.] 히말라야
hirañña [n.] 황금, 금

한글 · 빨리어 동사 색인

[ㄱ]

가능하다	sakkoti (√śak)
가다	gacchati (√gam), carati (√car)
가르치다	anusāsati (anu+√śās), deseti (√diś), vāceti (√vac)
가져가다	nīhareti (ni+√hṛ), harati (√ḥr), neti (√nī)
가져오다	āneti (ā+√nī), āvahati (a+√vah), āharati (ā+√har)
가지다	ādadāti (ā+√dā), gaṇhāti (√gṛh)
갈망하다	pattheti (pa+√arth)
감추다	chādeti (√chad), paṭicchādeti (prati+√chad)
개시하다	ārabhati (ā+√rabh)
거닐다	carati (√car)
거주하다	vasati (√vas), viharati (vi+√hṛ)
건너다	uttarati (ud+√tṛ)
건설하다	māpeti (√mā)
걷다	carati (√car)
경작하다	kasati (√kṛṣ)
경험하다	vindati (√vid)
계발하다	vaḍḍheti (√vṛdh)
계속하다	pavatteti (pra+√vṛt)
고지하다	āroceti (ā+√ruc)
공경하다	pūjeti (√pūj)
공양하다	pūjeti (√pūj)
괴롭히다	pīḷeti (√pīḍ), viheṭheti (vi+√hīḍ)

교시하다	deseti (√diś)
교제하다	bhajati (√bhaj)
구걸하다	yācati (√yac)
구매하다	kiṇāti (√krī)
구하다	pariyesati (pari+√iṣ)
굴리다	pavatteti (pra+√vṛt)
귀여워하다	piyāyati (denom. piya)
기르다	poseti (√puṣ)
기뻐하다	pasīdati (pra+√sad), modati (√mud)
길에 들어서다	paṭipajjati (paṭi+√pad)
깨뜨리다	bhindati (√bhid)
꾸짖다	akkosati (ā+√kruś)
꿰매다	sibbati (√sīv)
끌고 오다	āneti (ā+√nī)
끌다	ākaḍḍhati (ā+√kṛṣ), pājeti (pra+√aj)
끼워 넣다	pakkhipati (pra+√kṣip)

[ㄴ]

나가다	nikkhamati (nis+√kram)
나누다	vibhajati (vi+√bhaj)
나오다	uttarati (ud+√tṛ)
날다	uḍḍeti (ud+√ḍī), uppatati (ud+√pad)
날아오르다	uppatati (ud+√pad)
내려가다	otarati (ava+√tṛ)
내려놓다	pakkhipati (pra+√kṣip)
내려오다	otarati (ava+√tṛ), oruhati (ava+√ruh)
노래하다	gāyati (√gai)
노력하다	ussahati (ud+√sthā), vāyamati (vi+ā+√yam)

놀다	kīḷati (√krīḍ)
놓다	ṭhapeti (√sthā), nikkhipati (ni+√kṣip)
눕다	sayati (√śī)
느끼다	vindati (√vid)

[ㄷ]

다가가다	upasaṅkamati (upa+saṃ+√kram)
닦다	sammajjati (saṃ+√mṛj)
닫다	thaketi (√sthag)
달리다	dhāvati (√dhāv)
답변하다	vyākaroti (vi+ā+√kṛ)
당기다	ākaḍḍhati (ā+√kṛṣ)
대답하다	vissajjeti (vi+√sṛj)
대화하다	sallapati (saṃ+√lap)
던져 넣다	pakkhipati (pra+√kṣip)
던지다	khipati (√kṣip), chaḍḍeti (√chaḍḍ)
덮다	chādeti (√chad), thaketi (√sthag), paṭicchādeti (prati+√chad)
데려오다	āneti (ā+√nī), āharati (ā+√har)
도달하다	pappoti (pāpuṇāti 참조), pāpuṇāti (pra+√āp)
도망가다	dhāvati (√dhāv)
도약하다	uppatati (ud+√pad)
돌리다	pavatteti (pra+√vṛt)
동정하다	anukampati (anu+√kamp)
되다	bhavati (√bhū), hoti (√bhū)
두다	ṭhapeti (√sthā), nikkhipati (ni+√kṣip)
두려워하다	bhāyati (√bhī)
둘러싸다	parivāreti (pari+√vṛ)

뒤섞다	sammisseti (saṃ+denom. miśra)
드러눕다	sayati (√śī)
듣다	suṇāti (√śru)
들어가다	pavisati (pra+√viś)
등을 켜다	jāleti (√jval)
따다	ocināti (ava+√ci)
따라가다	anugacchati (anu+√gam)
따르다	anubandhati (anu+√badh),
	parivāreti (pari+√vṛ)
때리다	paharati (pra+√hṛ)
떠나다	cavati (√cyu), nikkhamati (nis+√kram)
떠오르다	udeti (√ud+ī)
떨어뜨리다	pāteti (√pat)
떨어지다	patati (√pat)
뜨다	udeti (ud+√ī)

[ㅁ]

마시다	pivati (√pā)
막다	nivāreti (ni+√vṛ)
만지다	phusati (√spṛś), āmasati (ā+√mū)
말하다	katheti (√kath), bhāsati (√bhāṣ)
밝게 하다	obhāseti (ava+√bhāṣ)
망치다	dūseti (√dūṣ)
매도하다	akkosati (ā+√kruś)
머물다	vasati (√vas), viharati (vi+√hṛ)
먹다	khādati (√khād), bhuñjati (√bhuj)
먹게 하다	bhojāpeti, bhojeti (√bhuj)
멀리하다	parivajjeti (pari+√vṛj)

모으다	ocināti (ava+√ci), saṃharati (saṃ+√hṛ), sannipatati (saṃ+ni+√pat)
목격하다	dassati (√dṛś), passati (√spaś), nahāyati (√snā)
몰다	pājeti (pra+√aj)
묶다	bandhati (√badh)
묻다	pucchati (√pṛcch)
물다	ḍasati (√ḍas)
물어뜯다	ḍasati (√ḍas)
물을 건너다	tarati (√tṛ)
물이 뿌려지게 하다	siñcāpeti (√sic)
믿음을 지니다	pasīdati (pra+√sad)

[ㅂ]

바느질하다	sibbati (√sīv)
바라다	ākaṅkhati (ā+√kāṅkṣ), icchati (√iṣ, āp), palobheti (pra+√lubh)
방지하다	nivāreti (ni+√vṛ)
방치하다	nikkhipati (ni+√kṣip)
방호하다	nivāreti (ni+√vṛ)
밭을 갈다	kasati (√kṛṣ)
배양하다	ropeti (√rup)
배우다	uggaṇhāti (ud+√grah)
버리다	khipati (√kṣip), chaḍḍeti (√chaḍḍ), pajahati (√hā)
번영하다	samijjhati (saṃ+√ṛdh)
베다	chindati (√chid)
보내다	pahiṇāti (pra+√hi), peseti (pra+√iṣ)

보다	oloketi (ava+√lok), dassati (√dṛś), passati (√spaś)
보시하다	dadāti, deti (√dā)
보호하다	ārakkhati (ā+√rakṣ), pāpuṇāti (pra+√āp), rakkhati (√rakṣ)
봉사하다	bhajati (√bhaj)
부르다	āmanteti (ā+denom. mantra), pakkosati (pra+√kṛṣ)
부수다	bhañjati (√bhañj), bhindati (√bhid)
부양하다	poseti (√puṣ)
부탁하다	yācati (√yac)
분석하다	vibhajati (vi+√bhaj)
불을 붙이다	jāleti (√jval)
비난하다	akkosati (ā+√kruś)
비상하다	uppatati (ud+√pad)
빛나게 하다	obhāseti (ava+√bhāṣ)
빛나다	bhāsati (√bhāṣ)
뿌리다	āsiñcati (ā+√sic), vapati (√vap)

[ㅅ]

사다	kiṇāti (√krī)
사랑하다	piyāyati (denom. piya)
살다	jīvati (√jīv), vasati (√vas), viharati (vi+√hṛ)
상담하다	āmanteti (ā+denom. mantra), manteti (denom. mantra)
생각하다	cinteti (√cit)
서다	tiṭṭhati (√sthā)
서성이다	āhiṇḍati (ā+√hiṇḍ)

설명하다	vissajjeti (vi+√sṛj), vyākaroti (vi+ā+√kṛ)
설하다	deseti (√diś)
성공하다	samijjhati (saṃ+√ṛdh)
성내다	kujjhati (√krudh)
성취하다	samijjhati (saṃ+√ṛdh)
세우다	ussāpeti (ud+√śri)
세척하다	dhovati (√dhov)
세탁하다	dhovati (√dhov)
소멸하다	cavati (√cyu)
소비하다	vissajjeti (vi+√sṛj)
속박하다	bandhati (√badh)
수용하다	sādiyati (√svad)
수행하다	anugacchati (anu+√gam)
수호하다	ārakkhati (ā+√rakṣ), pāleti (√pāl), rakkhati (√rakṣ)
숨다	nilīyati (ni+√lī)
승리하다	jināti (√ji)
시도하다	ussahati (ud+√sthā)
시작하다	ārabhati (ā+√rabh)
식사를 제공하다	bhojāpeti, bhojeti (√bhuj)
실천하다	paṭipajjati (paṭi+√pad)
심다	ropeti (√rup)
싸다	veṭheti (√veṣṭ)
쏘다	vijjhati (√vyadh)
쓰다	likhati (√likh), vissajjeti (vi+√sṛj)
쓸다	sammajjati (saṃ+√mṛj)
씻다	dhovati (√dhov)

[ㅇ]

안내하다	anusāsati (anu+√śās), neti (√nī)
안심시키다	samassāseti (saṃ+ā+√śvas)
앉다	nisīdati (ni+√sad)
알다	jānāti (√jñā)
알리다	āroceti (ā+√ruc)
애쓰다	vāyamati (vi+ā+√yam)
야기하다	āvahati (a+√vah)
어슬렁거리다	āhiṇḍati (ā+√hiṇḍ)
얻다	adhigacchati (adhi+√gam), pappoti (pāpuṇāti 참조), pāpuṇāti (pra+√āp), labhati (√labh)
연민하다	anukampati (anu+√kamp)
열다	vivarati (vi+√vṛ)
열망하다	palobheti (pra+√lubh)
예배하다	namassati (denom. namas), pūjeti (√pūj), vandati (√vand)
예언하다	vyākaroti (vi+ā+√kṛ)
오다	āgacchati (ā+√gam)
오르다	āruhati (ā+√ruh), udeti (ud+√ī)
오염시키다	dūseti (√dūṣ)
올라가다	āruhati (ā+√ruh)
올리다	ussāpeti (ud+√śri)
요구하다	yācati (√yac)
요리하다	pacati (√pac)
욕구하다	icchati (√iṣ,āp)
욕하다	akkosati (ā+√kruś)
울다	rodati (√rud)

움직이다	carati (√car)
웃다	hasati (√has)
원하다	ākaṅkhati (ā+√kāṅkṣ), icchati (√iṣ, āp), pattheti (pa+√arth)
유혹하다	palobheti (pra+√lubh)
이기다	jināti (√ji)
이끌다	neti (√nī)
이다	hoti (√bhū)
이야기하다	katheti (√kath)
이해하다	adhigaccati (adhi+√gam)
인도하다	neti (√nī)
인사하다	namassati (denom. namas)
일어나다	uṭṭhahati (ud+√sthā), udeti (ud+√ī), uppajjati (ud+√pad)
입 맞추다	cumbati (√cumb)
있다	atthi (√as), hoti (√bhū)

[ㅈ]

자다	sayati (√śī)
자르다	chindati (√chid)
잡다	gaṇhāti (√gṛh)
재다	mināti (√mā)
절하다	vandati (√vand)
접근하다	upasaṅkamati (upa+saṃ+√kram)
접대하다	bhojāpeti, bhojeti (√bhuj)
접수하다	ādadāti (ā+√dā)
접촉하다	āmasati (ā+√mū), phusati (√spṛś)
정복하다	jināti (√ji)

젖을 짜다	duhati (√duh)
조리하다	pacati (√pac)
조언하다	manteti (denom. mantra)
존경하다	vandati (√vand)
존재하다	atthi (√as), hoti (√bhū)
좋아하다	piyāyati (denom. piya)
주다	dadāti, deti (√dā)
죽다	cavati (√cyu)
죽이다	nāseti (√naś), māreti (√mṛ), hanati (√han)
준비하다	paṭiyādeti (prati+√yat)
즐거워하다	pasīdati (pra+√sad)
즐기다	bhuñjati (√bhuj), modati (√mud), sādiyati (√svad)
증대시키다	vaḍḍheti (√vṛdh)
지도하다	neti (√nī)
지키다	ārakkhati (ā+√rakṣ), pāleti (√pāl), rakkhati (√rakṣ)
지탱하다	tiṭṭhati (√sthā)
진행시키다	pavatteti (pra+√vṛt)
질문하다	pucchati (√pṛcch)
집어 올리다	uggaṇhāti (ud+√grah)
집합하다	sannipatati (saṃ+√ḥr)
짓다	karoti (√kṛ), māpeti (√mā)
쪼개다	bhindati (√bhid)
쫓아내다	nāseti (√naś)

[ㅊ]

착수하다	ārabhati (ā+√rabh)
창작하다	māpeti (√mā)

찾다	pariyesati (pari+√iṣ)
채우다	pūreti (√pṛ)
청소하다	sammajjati (saṃ+√mṛj)
청정해지다	pasīdati (pra+√sad)
초대하다	nimanteti (ni+denom. mantra)
초래하다	āvahati (a+√vah)
초청하다	nimanteti (ni+denom. mantra)
추격하다	anubandhati (anu+√badh)
추구하다	pariyesati (pari+√iṣ)
추방하다	nāseti (√naś)
추적하다	anugacchati (anu+√gam), anubandhati (anu+√badh)
추종하다	parivāreti (pari+√vṛ)
출가하다	nikkhamati (nis+√kram), pabbajati (pra+√vraj)
춤추다	naccati (√nṛt)
충고하다	anusāsati (anu+√śās), ovadati (ava+√vad)
취사하다	pacati (√pac)
취하다	ādadāti (ā+√dā), gaṇhāti (√gṛh)
측정하다	mināti (√mā)
치다	paharati (pra+√hṛ)

[ㅋ]

키스하다	cumbati (√cumb)

[ㅌ]

태어나다	uppajjati (ud+√pad)
토론하다	manteti (denom. mantra)

[ㅍ]

파견하다	pahiṇāti (pra + √hi)
파괴하다	khaṇati (√khaṇ), chindati (√chid), nāseti (√naś), bhañjati (√bhañj), bhindati (√bhid), vippakirati (vi + pra + √kṛ)
파내다	khaṇati (√khaṇ)
파다	khaṇati (√khaṇ)
파악하다	adhigacchati (adhi + √gam)
파종하다	vapati (√vap)
팔다	vikkiṇāti (vi + √krī)
패배시키다	parājeti (parā + √ji)
펴지다	pattharati (pra + √stṛ)
포기하다	pajahati (√hā)
포장하다	veṭheti (√veṣṭ)
포함시키다	pakkhipati (pra + √kṣip)
풀어주다	muñcati (√muc)
피하다	parivajjeti (pari + √vṛj)
핍박하다	pīḷeti (√pīḍ), viheṭheti (vi + √hīḍ)

[ㅎ]

하강하다	otarati (ava + √tṛ)
하게 만들다	kārāpeti (√kṛ)
하다	karoti (√kṛ)
할 수 있다	sakkoti (√śak)
해명하다	vissajjeti (vi + √sṛj)
해방시키다	muñcati (√muc)
해석하다	vivarati (vi + √vṛ)
해치다	khaṇati (√khaṇ), vihiṃsati (vi + √hiṃs),

	viheṭheti (vi+√hīḍ)
행동하다	carati (√car), pavatteti (pra+√vṛt)
호출하다	pakkosati (pra+√kṛṣ)
호칭하다	āmanteti (ā+denom. mantra)
혼란시키다	vippakirati (vi+pra+√kṛ)
혼합하다	sammisseti (saṃ+denom. miśra)
화내다	kujjhati (√krudh)
확장되다	pattharati (pra+√stṛ)
활동하다	carati (√car)
획득하다	pappoti (√pāpuṇāti 참조), pāpuṇāti (pra+√āp), labhati (√labh)
훈계하다	anusāsati (anu+√śās), ovadati (ava+√vad)
훔치다	coreti (√cur) / harati (√hṛ)
훼손하다	dūseti (√dūṣ)
흐르다	dhāvati (√dhāv)
흩뿌리다	vippakirati (vi+pra+√kṛ)
희망하다	ākaṅkhati (ā+√kāṅkṣ), pattheti (pa+√arth)

한글 · 빨리어 어휘 색인(동사 이외)

[ㄱ]

가게	āpaṇa [m.]
가끔	kadāci [adv.], kadāci karahaci [adv.]
가는 길에	antarāmagga [m.]
가는 사람	gantu [m.]
가사(袈裟)	cīvara [n.]
가운데	antarā [ind.]
가장	gahapati [m.]
가정	geha [n.]
가지	sākhā [f.]
가축	pasu [m.]
갈증	pipāsā [f.]
갈증나는	pipāsita [m. & f. & n.]
강	nadī [f.]
강가 강	Gangā [f.]
강당	sālā [f.]
강력한	balavantu [adj.]
갖가지	nānā [ind.]
개	kukkura [m.], sunakha [m.], soṇa [m.]
개미집	vammika [m. & n.]
갠지스 강	Gangā [f.]
거기에	tattha [adv.], tatra [adv.]
거대한	mahanta [adj.]
거상(巨商)	seṭṭhī [m.]

거의	kadāci karahaci [adv.]
거지	yācaka [m.]
건축가	vaḍḍhakī [m.]
경문(經文)	manta [n.]
계(界)	dhātu [f.]
계(戒)	sīla [n.]
계단	sopāna [m.]
계를 지닌	sīlavantu [adj.]
고문(顧問)	mantī [m.]
고행자(苦行者)	tāpasa [m.]
곡괭이	kuddāla [m.]
곡식	dhañña [n.]
곧바로	khippaṃ [adv.], tāva [adv.]
곧장	tāva [adv.]
공간	ākāsa [m.]
공덕	puñña [n.]
공덕을 지닌	puññavantu [adj.]
공덕 있는 행위	puññakamma [n.]
공원	uyyāna [n.]
공작(孔雀)	sikhī [m.]
과거의	pubbaka [adj. m. & f. & n.]
과일	phala [n.]
과일을 지닌	phalavantu [adj.]
관	nāḷi [f.]
광대한	pahūta [adj.]
광명	āloka [m.]
광선	acci [n.], rasmi [f.]
광주리	piṭaka [m.]
괴롭게	dukkhaṃ [adv.]

교사	vinetu [m.]
교설	kathā [f.]
구덩이	āvāṭa [m.], kāsu [f.]
국자	kaṭacchu [m.]
군주	adhipati [m.], pabhū [m.]
궁전	pāsāda [m.]
귀	sota [n.]
귀를 기울이는	sotavantu [adj.]
귀를 지닌	sotavantu [adj.]
그 때문에	tasmā [adv.]
그 정도	tāva [adv.]
그늘	chāyā [f.]
그대	tvaṃ [pron.]
그때	tadā [adv.]
그럼으로	yato [adv.]
그럼으로써	tato [adv.]
그로부터	tato [adv.]
그릇	patta [m.]
그리고	ca [ind.]
그리하여	tato [adv.]
그림	rūpa [n.]
그림자	chāyā [f.]
그만큼	tāva [adv.]
그와 같이	tathā [adv.]
그처럼	tathā [adv.]
근거	mūla [n.], vatthu [n.]
근본	mūla [n.]
금	suvaṇṇa [n.], hirañña [n.]
급여	vetana [n.]

기름	tela [n.]
기술	sippa [n.]
기슭	tīra [n.]
기예	sippa [n.]
기초	vatthu [n.]
긴 수명을 가진 자	dīghajīvī [m.]
길	magga [m.]
깃발	ketu [m.]
까마귀	kāka [m.]
깔개	kilañjā [f.]
깨달음	buddhi [f.]
깨어 있는	satimantu [adj.]
꽃	kusuma [n.], puppha [n.]
꽃다발	mālā [f.]
꽃제단	pupphāsana [n.]
꿀	madhu [n.]
꿀벌	madhukara [m.]

[ㄴ]

나	ahaṃ [pron.]
나무	taru [m.], rukkha [m.]
나무뿌리	rukkhamūla [n.]
나병환자	kuṭṭhī [m.]
나쁜 사람	asappurisa [m.]
남신도	upāsaka [m.]
남편	pati [m.], bhattu [m.], sāmī [m.]
내실(內室)	ovaraka [m.]
너	tvaṃ [pron.]

넓적다리	satthi [n.]
노래	gīta [n.]
노복(奴僕)	dāsa [m.]
노예	dāsa [m.]
눈	akkhi [n.], cakkhu [n.], nayana [n.], locana [n.]
눈물	assu [n.]
눈을 지닌	cakkhumantu [adj.], himavantu [adj.]
능숙한	dakkha [adj.]

[ㄷ]

다리	setu [n.]
다시	puna [ind.]
다양한	nānā [ind.]
다양한 일	nānākamma [n.]
단단한 음식	khādanīya [n.]
단편	khaṇḍa [n.]
달	canda [m.]
당신	tvaṃ [pron.]
대나무	veḷu [m.]
대상	vatthu [n.]
대신	amacca [m.]
대중	parisā [f.]
대지	bhūmi [f.]
더럽혀진	upalitta [m. & f. & n.]
더미	rāsi [m.]
덕 있는	guṇavantu [adj.]
덕을 지닌	guṇavantu [adj.]

덩굴풀	latā [f.]
도끼	pharasu [m.]
도덕	sīla [n.]
도덕적인	sīlavantu [adj.]
도둑	cora [m.]
도시	nagara [n.]
도중에	antarāmagga [m.]
돈	mūla [n.]
돌	pāsāṇa [m.]
동굴	guhā [f.]
동료	amacca [m.], sahāya [m.]
동물	pasu [m.]
돼지	varāha [m.], sūkara [m.]
둥지	kulāvaka [n.]
듣는 사람	sotu [m.]
등	dīpa [m.]
딸	dārikā [f.], duhitu [f.], dhītu [f.]
땅	bhūmi [f.]
때때로	kadāci [adv.], kadāci karahaci [adv.]
때문에	yato [adv.]
또	puna [ind.]
또는	vā [ind.]
또한	pi [ind.]

[ㅁ]

마부	sārathī [m.]
마실 물	pānīya [n.]
마을	gāma [m.]
마음	citta [n.]

마음챙기는	satimantu [adj.]
마차	ratha [m.]
만약	yadi [ind.], sace [ind.]
많은	pahūta [adj.], bahu [adj.]
말	assa [m.]
말하는 자	vattu [m.]
맛	rasa [n.]
머리	sīsa [n.]
먼저	tāva [adv.]
며느리	vadhū [f.]
명망을 지닌	yasavantu [adj.]
모든 것을 아는	sabbaññū [adj.]
모든 것을 아는 사람	sabbaññū [m.]
모든 것의	sabba [adj.]
모래	vālukā [f.]
모임	sabhā [f.]
목	gīvā [f.]
목마른	pipāsita [m. & f. & n.]
목마름	pipāsā [f.]
목수	vaḍḍhakī [m.]
목재	dāru [n.]
몸	kāya [m.]
무릎	jāṇu [n.]
무리	kāya [m.], parisā [f.]
무상의 인식	aniccasaññā [f.]
무상한	anicca [adj.]
무엇 때문에	kasmā [adv.]
무역상	seṭṭhī [m.]
문	dvāra [n.]

문둥이	kuṭṭhī [m.]
물	ambu [n.], udaka [n.], jala [n.], vāri [n.]
물고기	maccha [m.]
물음	pañha [m.]
물질	rūpa [n.]
미모의	vaṇṇavantu [adj., m. & f. & n.]
믿음	saddhā [f.]
믿음을 지닌	saddhāvantu [adj.]
밑	mūla [n.]

[ㅂ]

바구니	piṭaka [m.]
바나나	kadalī [f.], kadaliphala [n.]
바다	udadhi [m.], samudda [m.], sindhu [m.]
바닥	mūla [n.]
바라는 것이 적은 사람	mattaññū [m.]
바라문(婆羅門)	brāhmaṇa [m.]
바라문 여자	brāhmaṇī [f.]
바람	vāta [m.]
바르게	sammā [ind.]
바위	pāsāṇa [m.]
박애주의자	vadaññū [m.]
반야(般若)	paññā [f.]
발	pāda [m.]
발우(鉢盂)	patta [m.]
밝은	bhānumantu [adj.]
밤	ratti [f.]
밥	odana [m. & n.], bhatta [m. & n.]
밧줄	rajju [f.]

방	ovaraka [m.]
방석	kilañjā [f.]
밭	khetta [n.]
배(복부)	kucchi [n.]
배(탈 것)	doṇi [f.], nāvā [f.]
배고픔	khudā [f.]
백만장자	seṭṭhī [m.]
뱀	ahi [m.], uraga [m.], sappa [m.]
뱃사공	nāvika [m.]
버터	sappi [n.]
번개	asani [f.], vijju [f.]
번개소리	asanisadda [m.]
법(法)	dhamma [m.]
법당(法堂)	dhammasālā [f.]
벗	mitta [m. & n.], amacca [m.], sahāya [m.]
베푸는 자	dātu [m.]
베풂	dāna [n.]
벼	vīhi [m.]
벼락	asani [f.]
벼락소리	asanisadda [m.]
병	vyādhi [m.]
병든 사람	gilāna [m.]
보석	maṇi [m.]
보수	vetana [n.]
보시	dāna [n.]
보트	doṇi [f.]
복된	puññavantu [adj.]
복부(腹部)	kucchi [n.]
복자(福者)	Bhagavantu [m.]

부(富)	vasu [n.]
부드러운 음식	bhojanīya [n.]
부리	tuṇḍa [n.]
부유한	dhanavantu [adj.]
분량이나 한계를 아는	mattaññū [adj.]
불	aggi [m.]
불가촉천민	caṇḍāla [m.]
불꽃	acci [n.]
불법(不法)	adhamma [m.]
불선한	akusala [adj.]
붓다	Buddha [m.]
붓다의 가르침	dhamma [m.]
비구(比丘)	bhikkhu [m.]
비법(非法)	adhamma [m.]
비유	upamā [f.]
빗자루	sammajjanī [f.]
빛	āloka [m.]
빛나는	bhānumantu [adj.]
빛줄기	rasmi [f.]
빠르게	khippaṃ [adv.]
빨리	sīghaṃ [adv.]
뼈	aṭṭhi [n.]
뿌리	mūla [n.]

[ㅅ]

사냥꾼	luddaka [m.]
사람	nara [m.], purisa [m.], manussa [m.]
사리(舍利)	dhātu [f.]

사문(沙門)	samaṇa [m.]
사물	dhamma [m.], vatthu [n.]
사슴	miga [m.]
사이에	antarā [ind.]
사자(獅子)	sīha [m.]
사절	dūta [m.]
사탕과자	modaka [n.]
사탕수수	ucchu [m.]
산	giri [m.], pabbata [m.]
삼촌	mātula [m.]
삽	kuddāla [m.]
상당한	pahūta [adj.]
상아나 어금니들을 지닌	dāṭhī [adj.]
상아나 어금니들을 지닌 동물	dāṭhī [m.]
상인	vāṇija [m.]
상자	mañjūsā [f.]
상점	āpaṇa [m.]
상품	bhaṇḍa [n.]
새	pakkhī [m.], sakuṇa [m.]
새끼	susu [m.]
새로운	nava [adj.]
새벽	pabhāta [n.]
새장	pañjara [n.]
색깔 있는	vaṇṇavā [adj.]
생명	pāṇī [m.]
생쌀	taṇḍula [n.]
선서(善逝)	sugata [m.]
선원(船員)	nāvika [m.]
선인(仙人)	isi [m.]

선한	kusala [adj.]
설명하는 사람	pavattar [m.]
섬	dīpa [m.]
성문(聲聞)	sāvaka [m.]
성자	muni [m.]
세계	loka [m.]
세상	loka [m.]
세존(世尊)	Bhagavā [m.], Bhagavantu [m.]
세탁업자	rajaka [m.]
소	gāvī [f.], goṇa [m.]
소녀	kaññā [f.], kumārī [f.], dārikā [f.]
소년	kumāra [m.], dāraka [m.], susu [m.]
소리	sadda [m.]
속도	vega [m.]
속성	dhamma [m.]
손	pāṇi [m.], hattha [m.]
손가락	aṅguli [f.]
손바닥	pāṇi [m.]
손님	atithi [m.]
손자	nattā [m.]
솜씨가 있는	dakkha [adj.]
수레	sakaṭa [m.]
수소	goṇa [m.]
수저	kaṭacchu [m.]
술	surā [f.]
숨겨진 보물	nidhi [m.]
숲	aṭavi [f.], arañña [n.], vana [n.]
스승	ācariya [m.], garu [m.], avattar [m.] satthu [m.]

습진(濕疹)	daddu [f.]
승냥이	sigāla [m.]
승리자	jetu [m.]
시물	dāna [n.]
시어머니	sassu [f.]
시인	kavi [m.]
시장	āpaṇa [m.]
신(神)	deva [m.], sura [m.]
신속하게	vegena [adv.]
신통력	iddhi [f.]
신하	amacca [m.]
씨앗	aṭṭhi [n.], bīja [n.]

[ㅇ]

아가씨	taruṇī [f.], yuvati [f.]
아낌없이 베푸는	vadaññū [adj.]
아내	bhariyā [f.]
아는 자	viññātu [m.]
아니다	na [ind.]
아들	putta [m.]
아름다운	vaṇṇavantu [adj., m. & f. & n.], vaṇṇavā [adj.]
아버지	pitu [m.]
아사리(阿闍梨)	ācariya [m.]
아웃카스트	caṇḍāla [m.]
아이	dāraka [m.], putta [m.]
악(惡)	pāpa [n.]
악마	māra [m.]
악을 행하는 자	pāpakārī [m.]

알아차리는	satimantu [adj.]
암소	dhenu [f.]
암코끼리	kaṇeru [f.]
앵무새	suka [m.], suva [m.]
약간	thoka [adj.]
어느 정도	yāva [adv.]
어디로?	kuhiṃ [adv.]
어디로부터?	kuto [adv.], yato [adv.]
어디에?	kattha [adv.], kutra [adv.], kuhiṃ [adv.]
어떻게?	kathaṃ [adv.]
어린이	dāraka [m.], susu [m.]
어머니	ammā [f.], mātu [f.]
어부	dhīvara [m.]
언덕	tīra [n.]
언제?	kadā [adv.], yadā [adv.]
얼굴	mukha [n.]
얼마나	yāva [adv.]
업(業)	kamma [n.]
없다	na [ind.]
여기저기로	tattha tattha [adv.]
여래(如來)	Tathāgata [m.]
여러 가지	nānā [ind.]
여신	devatā [f.]
여자	itthi [f.], nārī [f.], vanitā [f.]
여자친구	sakhī [f.]
역시	pi [ind.]
연꽃	paduma [n.]
연못	pokkharaṇī [f.]
연민하는	kāruṇika [adj.]

연식(軟食)	bhojanīya [n.]
연약한	dubbala [adj.]
열망	patthanā [f.]
열매	phala [n.]
열매가 풍부한	phalavantu [adj.]
염소	aja [m.]
영양이 풍부한	ojavantu [adj.]
옛날의	pubbaka [adj., m. & f. & n.]
오늘	ajja [ind.]
오염된	upalitta [m. & f. & n.]
옷	dussa [n.], vattha [n.], sāṭaka [m.]
옹기	ghaṭa [n.]
왕	adhipati [m.], bhūpati [m.], bhūpāla [m.]
왕비	devi [f.], rājinī [f.]
왜?	kasmā [adv.]
왜냐하면	yasmā [adv.]
요소	dhātu [f.]
욕구	patthanā [f.]
우두머리	adhipati [m.]
우바새(優婆塞)	upāsaka [m.]
우선	tāva [adv.]
우유	khīra [n.]
원리	dhamma [m.]
원숭이	kapi [m.], makkaṭa [m.], vānara [m.]
위치	padesa [m.], vatthu [n.]
유골	dhātu [f.]
유념하는	satimantu [adj.]
유능한	dakkha [adj.]
유명한	yasavantu [adj.]
음료	pānīya [n.]

음식	bhojana [n.]
의로움을 아는	atthaññū [adj.]
의로움을 아는 사람	atthaññū [m.]
의복	vattha [n.], sāṭaka [m.]
이거나	vā [ind.]
이득	lābha [m.]
이른 아침	pabhāta [n.]
이십(20)	vīsati [f.]
이야기	kathā [f.], vatthu [n.]
이유	vatthu [n.]
이전의	pubbaka [adj., m. & f. & n.]
이치를 아는	atthaññū [adj.]
이치를 아는 사람	atthaññū [m.]
익은	pakka [adj.]
인간	nara [m.], purisa [m.], manussa [m.]
인심 좋은	vadaññū [adj.]
일	kamma [n.]
일체의	sabba [adj.]
일행	parisā [f.]
임금	vetana [n.]
입	mukha [n.]
잎	paṇṇa [n.]
잎사귀	paṇṇa [n.]

[ㅈ]

자리	āsana [n.]
자매	bhaginī [f.]
자비로운	kāruṇika [adj.]

자칼(jackal)	sigāla [m.]
잘	sammā [ind.]
장관	mantī [m.]
장모	sassu [f.]
장소	padesa [m.]
장작	dāru [n.]
재무관	seṭṭhī [m.]
재물	dhana [n.]
재빠르게	khippaṃ [adv.], vegena [adv.], sīghaṃ [adv.]
재산	dhana [n.], vasu [n.]
재산을 지닌	dhanavantu [adj.]
저 때	tadā [adv.]
저수지	vāpī [f.]
저택	pāsāda [m.]
적	ari [m.], sattu [m.]
적당한	mattaññū [adj.]
적당함을 아는 사람	mattaññū [m.]
전당	pāsāda [m.]
전령	dūta [m.]
전지자(全知者)	sabbaññū [m.]
전체의	sakala [adj.]
절	vihāra [m.]
젊은 아내	vadhū [f.]
젊은 여자	taruṇī [f.], yuvati [f.]
점차로	thokaṃ thokaṃ [adv.]
정사(精舍)	vihāra [m.]
정원	uyyāna [n.]
정의(正義)	dhamma [m.]

젖소	dhenu [f.]
제대로	sammā [ind.]
제자	sāvaka [m.], sissa [m.]
조각	khaṇḍa [n.]
조금	thoka [adj.]
조금씩	thokaṃ thokaṃ [adj.]
조어자(調御者)	sārathī [m.]
좀처럼	kadāci karahaci [adv.]
종자	aṭṭhi [n.], bīja [n.]
좋은 가문의	kulavantu [adj.]
좌석	āsana [n.]
주권자	adhipati [m.]
주는 자	dātu [m.]
주먹	muṭṭhi [m.]
주문(呪文)	manta [n.]
주부	vadhū [f.]
주인	pati [m.], sāmī [m.]
죽	yāgu [f.]
쥐	ākhu [m.]
지도자	netu [m.], pati [m.]
지방	padesa [m.]
지배자	adhipati [m.], pabhū [m.], sāmī [m.]
지성	buddhi [f.]
지역	padesa [m.]
지옥	naraka [n.], niraya [m.]
지적인	buddhimantu [adj.]
지점	vatthu [n.]
지팡이	yaṭṭhi [f.]
지혜	paññā [f.], buddhi [f.]

지혜로운	cakkhumantu [adj.], paññavantu [adj.], viññū [adj.], vidū [adj.]
지혜로운 사람	paṇḍita [m.], viññū [m.], vidū [m.]
지혜를 지닌	paññavantu [adj.]
진리	dhamma [m.], sacca [n.]
진실	sacca [n.]
진언(眞言)	manta [n.]
질문	pañha [m.]
질병	vyādhi [m.]
짐승	pasu [m.]
집	geha [n.], ghara [n.], nivāsa [m.]
집 짓는 이	gahakāraka [m.]
집회	sabhā [f.]
짠달라	caṇḍāla [m.]

[ㅊ]

착한 사람	sappurisa [m.]
참되지 못한 사람	asappurisa [m.]
참된 사람	sappurisa [m.]
참으로	addhā [ind.]
책	potthaka [n.]
처자식	puttadāra [m.]
천녀(天女)	devatā [f.]
천상(天上)	sagga [m.]
천인(天人)	deva [m.], sura [m.]
초능력	iddhi [f.]
충고	ovāda [m.]
충분한	pahūta [adj.]

친구	amacca [m.], mitta [m. & n.], sahāya [m.]
친절한 사람	vadaññū [m.]
친족	bandhu [m.]
친척	bandhu [m.]
친척을 지닌	bandhumantu [adj.]
친척이 많은	bandhumantu [adj.]
침대	mañca [m.]

[ㅋ]

카누	doṇi [f.]
칼	asi [m.], khagga [m.]
커드(curd)	dadhi [n.]
코끼리	karī [m.], hatthī [m.]
크고 넓은	pahūta [adj.]
큰	mahanta [adj.]

[ㅌ]

타락(駝酪)	dadhi [n.]
태양	bhānumā [m.], ravi [m.], suriya [m.]
태어난	jāta [m. & f. & n.]
토대	vatthu [n.]
토론	kathā [f.]
토지	vatthu [n.]
톱	kakaca [m.]
통	nāḷi [f.]
통찰력 있는	cakkhumantu [adj.]
통치자	pabhū [m.]

[ㅍ]

파초(芭蕉)	kadalī [f.], kadaliphala [n.]
파편	khaṇḍa [n.]
팔	bāhu [m.]
표범	dīpī [m.]
풀	tiṇa [n.]
풍(風)	vāta [m.]

[ㅎ]

하늘	sagga [m.]
하늘 세계	saggaloka [m.]
하인	dāsa [m.]
학생	sissa [m.]
함께	saddhiṃ [ind.], saha [ind.]
항아리	ghaṭa [n.]
해	bhānumā [m.], ravi [m.], suriya [m.]
해양	udadhi [m.], samudda [m.], sindhu [m.]
행복하게	sukhaṃ [adv.]
행복한 사람	sukhī [m.]
행운을 지닌	Bhagavantu [adj.]
행운의	puññavantu [adj.]
행위	kamma [n.]
행위자	kattu [m.]
허공	ākāsa [m.]
혀	jivhā [f.]
현명한	paññavantu [adj.], buddhimantu [adj.],

	viññū [adj.], vidū [adj.]
현자	paṇḍita [m.], viññū [m.], vidū [m.]
현상	dhamma [m.]
형상	rūpa [n.]
형색	rūpa [n.]
형제	bhātu [m.]
호미	kuddāla [m.]
호수	vāpī [f.]
혹은	vā [ind.]
홀(hall)	sālā [f.]
화살	sara [m.]
화염	acci [n.]
화환	mālā [f.]
확실히	addhā [ind.]
환자	gilāna [m.]
활	dhanu [n.]
황금	suvaṇṇa [n.], hirañña [n.]
회당	sabhā [f.]
회중(會衆)	parisā [f.]
훈계	ovāda [m.]
훈도하는 사람	vinetu [m.]
희망	patthanā [f.]
히말라야	Himavantu [m.]
힘들게	dukkhaṃ [adv.]
힘센	balavantu [adj.]
힘센 사람	balī [m.]
힘없는	dubbala [adj.]
힘을 지닌	balavantu [adj.]

[기타]

~같이	viya [ind.]
~과(와)	saddhiṃ [ind.]
	ca [ind.], saha [ind.]
~과(와) 같이	yathā [adv.]
~까지	yāva [adv.]
~인(한) 곳에	yattha [adv.], yatra [adv.]
~처럼	viya [ind.]
~하는 사이에	yāva [adv.]
~하는 한	yāva [adv.]
~하지 마라	mā [ind.]
~한 이유로	yato [adv.]

부 록

빨리어 문법 도표

1. 명사 · 형용사의 격변화표

		남성 -a	중성 -a	여성 -ā	여성 -i	여성 -ī	여성 -u	남성 -i
범례		nara	phala	vanitā	bhūmi	nadī	dhenu	aggi
단수	주격	-o	-aṃ	-ā	-i	-ī	-u	-i
	호격	-a	-a	-e	-i	-ī	-u	-i
	대격	-aṃ	-aṃ	-aṃ	-iṃ	-iṃ	-uṃ	-iṃ
	구격	-ena	-ena	-āya	-iyā	-iyā	-uyā	-inā
	탈격	-ā (-amhā) (-asmā)	-ā (-amhā) (-asmā)	-āya	-iyā	-iyā	-uyā	-inā -imhā -ismā
	여격	-āya -assa	-āya -assa	-āya	-iyā	-iyā	-uyā	-ino -issa
	속격	-assa	-assa	-āya	-iyā	-iyā	-uyā	-ino -issa
	처격	-e (-amhi) (-asmiṃ)	-e (-amhi) (-asmiṃ)	-āya -āyaṃ	-iyā (-iyaṃ)	-iyā (-iyaṃ)	-uyā -uyaṃ	-imhi -ismiṃ
복수	주격	-ā	-āni (-ā)	-āyo (-ā)	iyo -ī	-iyo -ī	-ū -uyo	-ī -ayo
	호격	-ā	-āni	-āyo (-ā)	-iyo -ī	-iyo -ī	-ū -uyo	-ī -ayo
	대격	-e	-āni (-e)	-āyo (-ā)	-iyo -ī	-iyo -ī	-ū -uyo	-ī -ayo
	구격	-ehi (-ebhi)	-ehi (-ebhi)	-āhi (-ābhi)	-īhi (-ībhi)	-īhi (-ībhi)	-ūhi (-ūbhi)	-īhi (-ībhi)
	탈격	-ehi (-ebhi)	-ehi (-ebhi)	-āhi (-ābhi)	-īhi (-ībhi)	-īhi (-ībhi)	-ūhi (-ūbhi)	-īhi (-ībhi)
	여격	-ānaṃ	-ānaṃ	-ānaṃ	-īnaṃ	-īnaṃ	-ūnaṃ	-īnaṃ
	속격	-ānaṃ	-ānaṃ	-ānaṃ	-īnaṃ	-īnaṃ	-ūnaṃ	-īnaṃ
	처격	-esu	-esu	-āsu	-īsu	-īsu	-ūsu	-īsu

		남성 −ī	중성 −i	남성 −u	남성 −ū	중성 −u	남성 −ar	여성 −ar
범례		pakkhī	atthi	garu	vidū	cakkhu	satthar	mātar
단수	주격	-ī	-i	-u	-ū	-u	-ā	-ā
	호격	-ī	-i	-u	-ū	-u	-ā -a	-ā -a -e
	대격	-inaṃ -iṃ	-iṃ	-uṃ -u	-uṃ	-uṃ	-āraṃ	-araṃ
	구격	-inā	-inā	-unā	-unā	-unā	-ārā	-arā
	탈격	-inā -imhā -ismā	-inā	-unā (-umhā) (-usmā)	-unā (-umhā) (-usmā)	-unā (-umhā) (-usmā)	-ārā	-arā -uyā
	여격	-ino -issa	-ino -issa	-uno -ussa	-uno -ussa	-uno -ussa	-u -uno -ussa	-u -uyā -āya
	속격	-ino -issa	-ino -issa	-uno -ussa	-uno -ussa	-uno -ussa	-u -uno -ussa	-u -uyā -āya
	처격	-ini -imhi -ismiṃ	-ini -imhi -ismiṃ	-umhi (-usmiṃ)	-umhi (-usmiṃ)	-umhi (-usmiṃ)	-ari	-ari -uyā -uyaṃ
복수	주격	-ī -ino	-ī -īni	-ū -avo	-ū -uno	-ū -ūni	-āro	-aro
	호격	-ī -ino	-ī -īni	-ū -ave -avo	-ū -uno	-ū -ūni	-āro	-aro
	대격	-ī -ino	-ī -īni	-ū -avo	-ū -uno	-ū -ūni	-āro	-aro
	구격	-īhi (-ībhi)	-īhi (-ībhi)	-ūhi (-ūbhi)	-ūhi (-ūbhi)	-ūhi (-ūbhi)	-ārehi -ūhi	-arehi -ūhi
	탈격	-īhi (-ībhi)	-īhi (-ībhi)	-ūhi (-ūbhi)	-ūhi (-ūbhi)	-ūhi (-ūbhi)	-ārehi -ūhi	-arehi -ūhi
	여격	-īnaṃ	-īnaṃ	-ūnaṃ	-ūnaṃ	-ūnaṃ	ārānaṃ -ūnaṃ	-arānaṃ -ūnaṃ -ānaṃ
	속격	-īnaṃ	-īnaṃ	-ūnaṃ	-ūnaṃ	-ūnaṃ	-ārānaṃ -ūnaṃ	-arānaṃ -ūnaṃ -ānaṃ
	처격	-īsu	-īsu	-ūsu	-ūsu	-ūsu	-āresu -ūsu	-aresu -ūsu

2. 인칭대명사의 격변화표

인칭	amha(1인칭)		tumha(2인칭)		ta(3인칭)					
					남성		중성		여성	
단·복수	단수	복수	단수	복수	단수	복수	단수	복수	단수	복수
주격	ahaṃ	amhe, mayaṃ	tvaṃ, tuvaṃ	tumhe, vo	so	te	taṃ, naṃ	tāni, nāni	sā	tā, tāyo, nā, nāyo
대격	maṃ, mamaṃ	amhe, amhākaṃ, no	taṃ, tavaṃ, tuvaṃ	tumhe, tumhākaṃ, vo	taṃ, naṃ	te, ne	taṃ, naṃ	tāni, nāni	taṃ, naṃ	tā, tāyo, nā, nāyo
구격	mayā, me	amhehi, amhebhi, no	tvayā, tayā, te	tumhehi, tumhebhi, vo	tena, nena	tehi, tebhi, nehi, nebhi	tena, nena	tehi, tebhi, nehi, nebhi	tāya, nāya	tāhi, tābhi, nāhi, nābhi
탈격	mayā	amhehi, amhebhi	tvayā, tayā	tumhehi, tumhebhi	tamhā, tasmā, namhā, nasmā	tehi, tebhi, nehi, nebhi	tamhā, tasmā, namhā, nasmā	tehi, tebhi, nehi, nebhi	tāya, nāya	tāhi, tābhi, nāhi, nābhi
여격&속격	mama, mayhaṃ, mamaṃ, me	amhaṃ, amhākaṃ, no	tavā, tuyhaṃ, te	tumhaṃ, tumhākaṃ, vo	tassa, nassa	tesaṃ, tesānaṃ, nesaṃ, nesānaṃ	tassa, nassa	tesaṃ, tesānaṃ, nesaṃ, nesānaṃ	tassā, tāya, nassā, nāya	tāsaṃ, tāsānaṃ, nāsaṃ, nāsānaṃ
처격	mayi	amhesu	tvayi, tayi	tumhesu	tamhi, tasmiṃ, namhi, nasmiṃ	tesu, nesu	tamhi, tasmiṃ, namhi, nasmiṃ	tesu, nesu	tassaṃ, tāyaṃ, tāya, nassaṃ, nāyaṃ, nāya	tāsu, nāsu

3. 지시대명사의 격변화표

	ima(이, 이것)						eta, etad(그, 그것)					
	남성		중성		여성		남성		중성		여성	
단·복수	단수	복수	단수	복수	단수	복수	단수	복수	단수	복수	단수	복수
주격	ayaṃ	ime	idaṃ, imaṃ	ime, imāni	ayaṃ	imā, imāyo	eso	ete	etaṃ	etāni	esā	etā, etāyo
대격	imaṃ	ime	idaṃ, imaṃ	ime, imāni	imaṃ	imā, imāyo	etaṃ	ete	etaṃ	etāni	etaṃ	etā, etāyo
구격	iminā, anena	imehi, imebhi, ehi, ebhi	iminā, anena	imehi, imebhi, ehi, ebhi	imāya	imāhi, imābhi	etena	etehi, etebhi	etena	etehi, etebhi	etāya, etassā, etissā	etāhi, etābhi
탈격	imasmā, imamhā, asmā, amhā	imehi, imebhi, ehi, ebhi	imasmā, imamhā, asmā, amhā	imehi, imebhi, ehi, ebhi	imāya	imāhi, imābhi	etamhā, etasmā	etehi, etebhi	etamhā, etasmā	etehi, etebhi	etāya, etassā, etissā	etāhi, etābhi
여격 & 속격	imassa, assa	imesaṃ, imesānaṃ, esaṃ, esānaṃ	imassa, assa	imesaṃ, imesānaṃ, esaṃ, esānaṃ	imāya, imissā, imissāya, assā, assāya	imāsaṃ, imāsānaṃ, āsaṃ, āsānaṃ	etassa	etesaṃ, etesānaṃ	etassa	etesaṃ, etesānaṃ	etāya, etassā, etassāya, etissā, etissāya	etāsaṃ, etāsānaṃ
처격	imasmiṃ, imamhi, asmiṃ, amhi	imesu, esu	imasmiṃ, imamhi, asmiṃ, amhi	imesu, esu	imāya, imāyaṃ, imissā, imissāṃ, assā, assāṃ	imāsu	etamhi, etasmiṃ	etesu	etamhi, etasmiṃ	etesu	etāya, etāyaṃ, etassā, etassaṃ, etissā, etissaṃ	etāsu

4. 관계대명사의 격변화표

	ya					
	남성		중성		여성	
단 · 복수	단수	복수	단수	복수	단수	복수
주격	yo	ye	yaṃ, yad	yāni	yā	yā, yāyo
대격	yaṃ	ye	yaṃ, yad	yāni	yaṃ	yā, yāyo
구격	yena	yehi, yebhi	yena	yehi, yebhi	yāya	yāhi, yābhi
탈격	yasmā, yamhā	yehi, yebhi	yasmā, yamhā	yehi, yebhi	yāya	yāhi, yābhi
여격& 속격	yassa	yesaṃ, yesānaṃ	yassa	yesaṃ, yesānaṃ	yāya, yassā	yāsaṃ, yāsāsaṃ
처격	yasmiṃ, yamhi	yesu	yasmiṃ, yamhi	yesu	yāya, yāyaṃ, yassā, yassaṃ	yāsu

5. 의문대명사의 격변화표

	kiṃ(무엇, 누구)					
	남성		중성		여성	
단 · 복수	단수	복수	단수	복수	단수	복수
주격	ko	ke	kiṃ	kāni, ke,	kā	kā, kāyo
대격	kaṃ	ke	kiṃ	kāni, ke	kaṃ	kā, kāyo
구격	kena	kehi, kebhi	kena	kehi, kebhi	kāya	kāhi, kābhi
탈격	kasmā, kismā, kamhā	kehi, kebhi	kasmā, kismā kamhā	kehi, kebhi	kāya	kāhi, kābhi
여격& 속격	kassa, kissa	kesaṃ, kesānaṃ	kassa, kissa	kesaṃ, kesānaṃ	kāya, kassā	kāsaṃ, kāsāsaṃ
처격	kamhi, kasmiṃ, kimhi, kismiṃ	kesu	kasmiṃ, kismiṃ, kamhi, kimhi	kesu	kāya, kassā, kāyaṃ, kassaṃ	kāsu

6. 부정대명사의 격변화표

	kaci(어떠한 사람이든, 어느 것이든, 누구든)					
	남성		중성		여성	
단·복수	단수	복수	단수	복수	단수	복수
주격	koci	keci	kiñci	kānici	kāci	kāci, kāyoci
대격	kañci	keci	kiñci	kānici	kañci	kāci, kāyoci
구격	kenaci	kehici	kenaci	kehici	kāyaci	kāhici
탈격	kasmāci	kehici	kasmāci	kehici	kāyaci	kāhici
여격& 속격	kassaci, kissaci	kesañci	kassaci, kissaci	kesañci	kassāci, kāyaci	kāsañci
처격	kasmiñci, kismiñci	kesuci	kasmiñci, kismiñci	kesuci	kassāci, kassañci, kāyaci, kāyañci	kāsuci

7. 대명사적 형용사의 격변화표

	sabba(모든)					
	남성		중성		여성	
단·복수	단수	복수	단수	복수	단수	복수
주격	sabbo	sabbe	sabbaṃ	sabbe, sabbāni	sabbā	sabbā, sabbāyo
호격	sabba, sabbā	sabbe	sabba, sabbā	sabbe, sabbāni	sabbe	sabbā, sabbāyo
대격	sabbaṃ	sabbe	sabbaṃ	sabbe, sabbāni	sabbaṃ	sabbā, sabbāyo
구격	sabbena	sabbehi, sabbebhi	sabbena	sabbehi, sabbebhi	sabbāya	sabbāhi, sabbābhi
탈격	sabbasmā, sabbamhā, sabbato	sabbehi, sabbebhi	sabbasmā, sabbamhā, sabbato	sabbehi, sabbebhi	sabbāya	sabbāhi, sabbābhi
여격& 속격	sabbassa	sabbesaṃ, sabbesānaṃ	sabbassa	sabbesaṃ, sabbesānaṃ	sabbāya, sabbassā	sabbāsaṃ, sabbāsāsaṃ
처격	sabbasmiṃ, sabbamhi	sabbesu	sabbasmiṃ, sabbamhi	sabbesu	sabbāya, sabbāyaṃ, sabbassaṃ	sabbāsu

☞ 대명사적 형용사(pronominal adjective)는 격변화할 때 대명사 특유의 격어미를 취하는 형용사를 말한다. 예를 들면, sabba(모든), pubba(앞의), para(다른), apara(뒤의), añña(다른), aññatara(어떤, 둘 중의 하나), katara(어떤), itara(다른), uttara(보다 위의), uttama(최상의), adhara(아래의), amuka(그것의, 그와 같은), asuka(이것의, 이와 같은), ubhaya(두 개의), dakkhiṇa(오른쪽의, 남쪽의), ekacca(일부의) 등이 있다.

8. 동사활용표

	Parassapada		Attanopada	
	① 현재시제(Present Tense) = Vattamānā			
	단수	복수	단수	복수
3인칭	-ti	-nti	-te	-nte
2인칭	-si	-tha	-se	-vhe
1인칭	-mi	-ma	-e	-mhe
	② 과거시제(Past Tense) 또는 아오리스트(Aorist) = Ajjatanī			
3인칭	-i (ī)	-uṃ, -iṃsu	-ā	-ū
2인칭	-o (i)	-ttha	-se	-vhaṃ
1인칭	-iṃ	-mha (mhā)	-a	-mhe
	③ 단순과거(Imperfect Tense) = Hīyattanī			
3인칭	-ā	-ū	-ttha	-tthuṃ
2인칭	-o	-ttha	-se	-vhaṃ
1인칭	-a, -aṃ	-mha (mhā)	-iṃ	-mhase
	④ 완료시제(Perfect Tense) = Parokkhā			
3인칭	-a	-u	-ttha	-re
2인칭	-e	-ttha	-ttho	-vho
1인칭	-a, -aṃ	-mha	-i	-mhe
	⑤ 미래시제(Future Tense) = Bhavissantī			
3인칭	-ssati	-ssanti	-ssate	-ssante
2인칭	-ssasi	-ssatha	-ssase	-ssavhe
1인칭	-ssāmi	-ssāma	-ssaṃ	-ssāmhe
	⑥ 명령형(Imperative) = Pañcamī			
3인칭	-tu	-ntu	-taṃ	-ntaṃ
2인칭	-hi	-tha	-ssu	-vho
1인칭	-mi	-ma	-e	-āmase
	⑦ 원망형(Optative) = Sattamī			
3인칭	-e, -eyya	-eyyuṃ	-etha	-eraṃ
2인칭	-eyyāsi	-eyyātha	-etho	-eyyavho
1인칭	-eyyāmi	-eyyāma	-eyyaṃ	-eyyāmhe
	⑧ 조건법(Conditional) = Kālātipatti			
3인칭	-ssā	-ssaṃsu	-ssatha	-ssiṃsu
2인칭	-sse	-ssatha	-ssase	-ssavhe
1인칭	-ssaṃ	-ssamhā	-ssaṃ	-ssāmhase

☞ 동사는 전통적으로 능동태(能動態, active voice)로 번역되는 '빠랏사빠다(parassapada)'와 중간태(中間態, middle voice)로 번역되는 '앗따노빠다(attanopada)'로 나뉜다. 이 가운데 전자가 오늘날 가장 널리 사용된다. 산스끄리뜨 문법가 빠니니(Pāṇini)의 아홉 가지 동사 분류들 가운데 빨리 문법가들은 세 번째인 복합미래(śvastanī)를 무시하고 나머지 여덟 가지에만 법칙과 정의를 제시하고 있다. 이 가운데 단순과거와 완료시제는 거의 나타나지 않기 때문에 실제로 빨리어에는 현재시제, 과거시제, 미래시제, 명령형, 원망형, 조건법의 여섯 가지만 있다고 볼 수 있다.

☞ ② 과거시제, ③ 단순과거, ⑧ 조건법에서는 과거를 나타내는 오그먼트(augment)인 'a-'가 동사 어근의 앞에 종종 붙는다.

저자소개

릴리 데 실바

릴리 데 실바(Lily de Silva)는 스리랑카 콜롬보 출신으로 실론 대학(University of Ceylon)에서 학사로 졸업하고 뻬라데니야 대학(University of Peradeniya)에서 박사로 졸업하였다. 그녀는 1994년 은퇴할 때까지 뻬라데니야 대학의 빨리 · 불교학부(Department of Pāli and Buddhist Studies)의 학장으로 봉직하였다. 『디가 니까야 앗타까타 띠까(Dīgha Nikāya Aṭṭhakathā Tikā)』를 감수하여 영국의 빨리성전협회(PTS)에서 세 권으로 간행하였다. 그 밖에도 불교 학술지와 대중지에 많은 논문들을 기고하였다.

역자소개

김한상

1993년 동국대학교 불교학과 졸업 후 2013년 스리랑카 켈라니야 대학(University of Kelaniya)의 빨리불교학대학원(Postgraduate Institute of Pali and Buddhist Studies)에서 초기불교 전공으로 박사학위를 받았다. 한국외국어대학교 인도연구소 HK연구교수, 동국대학교 불교학술원 전임연구원, 동국대학교 불교대학 세계불교학연구소 연구초빙교수를 거쳐 현재 능인대학원대학교 명상심리학과 조교수로 재직 중이다.

빨리어의 기초와 실천

초판발행 2015년 10월 7일
초판 2쇄 2018년 1월 15일
초판 3쇄 2024년 3월 20일

저　　자 릴리 데 실바
역　　자 김한상
펴 낸 이 김성배
펴 낸 곳 도서출판 씨아이알

책임편집 박영지, 최장미
디 자 인 김진희, 윤미경
제작책임 이헌상

등록번호 제2-3285호
등 록 일 2001년 3월 19일
주　　소 (04626) 서울특별시 중구 필동로8길 43(예장동 1-151)
전화번호 02-2275-8603(대표)
팩스번호 02-2265-9394
홈페이지 www.circom.co.kr

I S B N 979-11-5610-160-4 93790
정　　가 18,000원